BLACK SWAN 黑天鹅图书

为 人 生 提 供 领 跑 世 界 的 力 量

BLACK SWAN

拼的是现在，比的是将来

如何在激烈的竞争中脱颖而出

老可 / 著

中国華僑出版社

图书在版编目（CIP）数据

拼的是现在，比的是将来 / 老可著 . —北京：中国华侨出版社，2013.11

ISBN 978-7-5113-4247-8

Ⅰ . ①拼… Ⅱ . ①老… Ⅲ . ①职业选择—通俗读物 Ⅳ . ① C913. 2-49

中国版本图书馆 CIP 数据核字 (2013) 第 265029 号

拼的是现在，比的是将来

作　　者：老　可
出 版 人：方　鸣
责任编辑：叶　辞
封面设计：红杉林文化
经　　销：新华书店
开　　本：880mm×1230mm　1/32　印张：9.25　字数：180 千字
印　　刷：北京慧美印刷有限公司
版　　次：2014 年 1 月第 1 版　2014 年 1 月第 1 次印刷
书　　号：ISBN 978-7-5113-4247-8
定　　价：36.80 元

中国华侨出版社　北京市朝阳区静安里 26 号通成达大厦 3 层　邮编：100028
法律顾问：陈鹰律师事务所
发 行 部：（010）82068999　传真：（010）82069000
网　　址：www.oveaschin.com
E-mail：oveaschin@sina.com

如发现图书质量问题，可联系调换。质量投诉电话：010-82069336

目 录

Contents

序 章
现在的生活是你想要的吗?

岁月荏苒，光阴如流水般远去，物是人已非。当年的万丈豪情已经被岁月磨平，每个人都要面对各自的生活，只是当年同样的憧憬，为何会有不同的结果？每个人的人生又怎么会产生如此巨大的差异？这背后的根本原因是什么呢？

1. 多年后，你们为什么不一样？

我家珍藏着一张父亲的毕业照，照片是黑白的，由于时间久远已经泛黄了。上面的男士大都穿着中山装，戴着前进帽，神情严肃；女士们则穿着款式不多的花格子服，梳着两条大麻花辫，照片上用那个年代特有的行楷字体写着时间：一九七七年四月九日。

小时候我总喜欢问父亲照片上的人是谁，他们现在在哪里、在做什么。如今偶尔翻起尘封的相册，看到这张老照片，不由得百感交集。现在照片上的人有的是农民，有的成了老师，有的当了律师，有的成了企业家，有的当了政府官员，有的已经不在人世了……

小时候我只对故事感兴趣，如今思考得更多的是，他们的人生为何产生了如此巨大的差异？如果我们把时光拉回到1977年4月9日拍照的那一刻，我想照片上的人一定对他们的未来充满了憧憬，或许每个人胸中都翻腾着一团火，想象着自己美好的未来。

岁月荏苒，如今 36 年过去了，物是人非。当年的万丈豪情已经被岁月磨平，每个人都要面对各自的生活，只是当年同样的憧憬，为何会有不同的结果？他们的人生怎么会产生如此巨大的差异？这背后的根本原因是什么呢？

你的父母有这样的毕业照吗？你是否也和我有一样的习惯，先找到父母的位置，然后问他们身边的人是谁，在做什么。我想这是人之常情，我们关注同伴的命运，一方面是出于好奇，另一方面则是攀比的心态在作祟。

你的父母是怎么对你说的呢？他们和同学相比“混得”怎么样呢？他们有没有后悔呢？反正小时候我妈妈经常对我说，如果自己晚几年结婚，赶上高考，一定能上大学，那时候她的人生也许是另外一番景象了，她不会认识我爸爸，而我也不会来到人世，更不可能写下今天这本书，你当然也无从读到这些文字了。

感慨之余，想想你自己的毕业照，一定比父母的老照片亮丽多了，你的服装可能不是非黑即白，表情可能不那么严肃，眼睛中可能闪烁着更动人的光泽。但可以肯定的是，在拍照的那一刻，你一定像父母当年那样，对未来充满了憧憬。而若干年之后，你们同学间的命运，也会如同你父辈那样出现分野，甚至是天壤之别。

若干年之后，你自以为光鲜亮丽的那张毕业照，也会渐渐地泛黄，在你孩子的眼中也会显得过时，显得老气横秋，你的孩子同样也会好奇地问你——你的同学在干什么？你们为什么会不一样？面对稚嫩的孩子，你该如何作答？

2. 现在拥有的是你想要的吗?

先不用考虑孩子的提问，我只问你一个问题——现在拥有的是你想要的吗?

很多人不敢面对这个问题，它就像一层伤疤，习惯了也就无所谓了；一旦揭开，就是彻骨的痛。我发现毕业十年，身边朋友的状态大致可以分为如下几类:

一、疲于奔命型

这类人一毕业就搭上了职业的快班车，常见于让人艳羡的大公司。由于这些公司工作节奏非常快，他们经常加班，整天披星戴月，很少休假。高强度的工作给他们带来了高额回报，这些人通常小有积蓄，外表看起来光鲜亮丽。但一个至关重要的问题就是，他们停不下来，堆积如山的工作逼着他们向前走。一旦停下来，房贷、车贷、奶粉钱就会压得他们喘不过气来。

长期的高负荷运转让他们吃不消，一位白领同事倒苦水说，他们公司的同事已经有两个患了甲状腺癌，还有几名女同事数次流产，已经不能生育了。身体的代价让他们反思自己这么疲于奔命是否值得。这位朋友还说，未来三年的主要目标就是生孩子、休产假，而且准备生两个，这样一晃三年就过去了。休整之后，就要重新谋划将来了。

二、错位纠结型

这类人最常见，毕业之后找到一份工作，做了几年之后发现并不是自己喜欢的。但眼下这份工作给自己带来一种安全感，如果放弃这份工作追求梦想，又担心鸡飞蛋打。所以，这类人的内心非常纠结。曾经有一位读者给我来信，说自己本是一个活泼好动的人，但毕业之后听从家里安排，为了稳定起见去做了村官，但工作几年发现这份工作自己并不喜欢，每天要面对文山会海，写些让自己“起鸡皮疙瘩”的材料，她感觉非常苦闷。可是已经工作了三年，自己与同学相比已经落后了一截，不知道脱离了这个稳定的“温室”，自己还能否适应社会激烈的竞争，于是也不敢轻举妄动。这就是职场上典型的“温水煮青蛙”效应，是否需要转型，是否要追求梦想，是否敢于承担风险，对他们来说都是让人纠结的难题。

三、迷茫探索型

这类人比上类人勇敢一些。虽然毕业之后也没有找到自己喜欢的工作，但是他们敢于尝试、敢于探索。为什么会有那么多人感到迷茫？这并不奇怪，主要应归因于中国的应试教育模式，这种模式很少鼓励学生探寻自己的内心，很少教育学生认识自我。相反，从小到大我们都是以成绩为标准，这让大批年轻人缺失了对自我认知的探寻，不得不在步入职场之后再慢慢摸索，四处碰壁。如今职业规划行业在中国逐渐兴起，其中大量客户是工作 3—8 年的职场人，他们在工作一段时间之后，发现自己需要重新定位、重新选择路径。

四、小富即安型

这类人是职业幸福度最高的。他们把工作与生活分得很开，觉得工作就是工作，生活才是最重要的。所以，他们只要有一份稳定的工作，赚取不错的收入就很满足了。这类人把大量时间花在如何度假、如何生活及消费上面。他们很少思考自己的未来，觉得日子只要过得开心就好。这也无可厚非，只要是他们自己喜欢的就好。问题是，由于他们对工作要求不多，投入的精力有限，时间久了之后，容易被职场边缘化，有被社会淘汰的风险。

五、自主创业型

这类人是最不安分的，他们不甘居人下，总是想创立一番自己的事业。于是他们要么一毕业就创业，要么工作一段时间之后就另立门户。创业是辛苦的，但这类人非但不觉得苦，还觉得热血沸腾，他们觉得每天都在为自己的事业打拼，是最幸福的事情。当然创业也是有风险的，创业的成功率并不高，于是也不排除一些职场人，在创业一段时间之后，事业毫无起色，更有甚者会惨到血本无归。

以上是我做职业规划咨询所遇到的各类案例的总结。

总体感受，目前大部分人对自己的工作与生活都不太满意。中国人力资源开发网的一项调查显示:70% 的受调查者出现了轻微工作倦怠，还有 13% 出现了严重的工作倦怠。也就是说，每 8 个受调查者中基本上就有 1 个出现比较严重的工作倦怠。

看到这个普遍的问题，我们不禁要问一句——你现在所拥有的，是你想要的吗?

是时候仔细审视一下自己的职业生涯了！

3. 靠工资你能养活自己吗?

看了前文职场中的林林总总之后，你有什么感受呢？你属于哪一类型呢？其实，这表面上是不同类型的区分，根本的问题却是，我们到底要选择怎样的生活方式。

不知道你有没有计算过，眼下一个家庭的生活成本是多少，而你的工作收益能否覆盖这些成本。这是一道很简单的数学题，但是不算不知道，一算吓一跳。

我们以某一线城市的一个普通家庭为例，计算一下这个家庭 20 年的生活成本。房子以 200 万元计算，20 年间贷款要多还接近 100 万元的利息，这样房款为 300 万元；一个家庭一年的生活成本，省吃俭用每年按照 5 万元计算，20 年是 100 万元；养个孩子 20 年少说要 50 万元；一部汽车，购车款加 20 年的维护保养，起码要 50 万元。这还没有算人情往来的消费，没有算疾病养老的消费，这个城市一个

> 家庭 20 年的生活成本至少是 500 万元。
>
> 而这 20 年间你又能赚多少钱呢？我们以大学本科毕业生 3000 元 / 月起薪计算（事实上，很多毕业生还拿不到这个起薪），每年的工资涨幅按照 10% 计算（事实上，很多公司工资涨幅只有 8%，甚至更低，更有甚者几年也不涨一次工资），20 年间你一共收入 206 万元，而现实中女士的收入往往要低于男士，我们慷慨一点，乘以 2 算你们两口子的，一共才 412 万元。这样你们一个家庭，省吃俭用 20 年，辛辛苦苦，还欠 88 万元！而且我们这还没有考虑通胀因素！

悲哀吗？当我在微博上发布这个计算结果的时候，很多人表示很无奈。其中一条评论我印象特别深刻——“默默转走，说出了多少人的心声啊……”毕竟这就是我们面对的现实生活，冥冥中我们这一代，一生下来就在负债。很多 80 后都是第一批赶上计划生育的，家中如果已经有了哥哥姐姐，轮到自己一出生就是要被罚款的。当我们走入职场之后，突飞猛进的房价早已把我们的工资水平远远甩在了后面。

可是很多人都没有意识到上文的算术题，或者说没有清醒地认识到我们这一代人的命运悖论——如果我们按照工资的自然增长来计算，永远无法养活自己！这就是我们这一代人的命运，这也是我们必须解决的职场终极问题。

工作年数	年薪（万元）	涨幅
1	3.6	10%
2	4.0	10%
3	4.4	10%
4	4.8	10%
5	5.3	10%
6	5.8	10%
7	6.4	10%
8	7.0	10%
9	7.7	10%
10	8.5	10%
11	9.3	10%
12	10.3	10%
13	11.3	10%
14	12.4	10%
15	13.7	10%
16	15.0	10%
17	16.5	10%
18	18.2	10%
19	20.0	10%
20	22.0	10%
总计	206.2	

图序－1　20 年普通毕业生的收入增长

看过很多的职场书，有讲励志的，有讲沟通的，有讲人际关系的，有讲职业规划的，但我觉得那些都没有触及问题的根本，如果你不能破解上文提到的悖论，如果你不能让人通过努力实现财务自由，讲什么都是在谈“术”的问题，绕来绕去总是在隔靴搔痒。

所以，我们必须直面这个问题，到底如何破解这个矛盾，让我们尽早地实现财务自由，然后在此基础之上，实现个人的梦想与价值。说到底，我们必须先解决自己的温饱问题，跳出总是在为了房贷、车贷、奶粉钱等柴米油盐的问题操心的层面，然后才能谈点高层次的追求。

电影中我们常能看到很多成功人士的画面——夏威夷海滩，碧海蓝天，微风徐徐。你悠闲地躺在躺椅上，端着一杯清爽的果汁，尽情享受着日光浴。手机叮咚一声提示，你收到一封邮件，你快速地扫了一眼，熟练地敲上这个单词——Approved（批准），然后你把电话扔在一边，抓起一个玩具球，用力地抛向远处，趴在你身边的爱犬，兴奋地飞奔过去……

这场景你羡慕吗？你有没有想过，自己什么时候可以达到这样的状态呢？那个时候，你年富力强，事业有成，财务自由。你有自己的兴趣爱好，有自己的朋友圈子，有可以自由支配的时间，事业与家庭实现了完美的平衡……

这是童话吗？当然不是，这是我们每个人应得的生存状态，只是大多数人尚未实现而已。但这不是梦，职场上的成功是有方法的，虽然个人的成功不可以复制，但那些共性的东西是可以参考的，那些规律性的路径是可以学习的。

本书此后的章节，我们将循序渐进地揭示这个方法是什么，让我们一同期待吧！

算一算

这一章我们以某一线城市为例计算了20年的生活成本账单，但是每个人的具体情况是不同的，你现在就可以算一算自己的账单，请准备好纸笔与计算器，把计算结果填入下表，算一算20年后你能养活自己吗？不算不知道，一算吓一跳啊！算完之后别忘了在微博上分享一下哦！

20年生活成本账单

第一步：20年你的收入

年 份	工 资	奖 金	其他收入
1			
2			
3			
4			
5			
6			
7			
8			
9			
10			

11			
12			
13			
14			
15			
16			
17			
18			
19			
20			
总 计			

注：请根据自己目前的工资涨幅计算每年递增的幅度，如果你去年工资的涨幅为 8%，则按照每年 8% 的增速预估。

第二步:20 年你的支出

年份	购房	购车	孩子	吃饭	服装	通讯	娱乐	学习	医疗	其他
1										
2										
3										
4										
5										
6										
7										
8										

9										
10										
11										
12										
13										
14										
15										
16										
17										
18										
19										
20										
总计										

注：购房我们按20年房贷计算，请在网上使用房贷计算器算出20年的本息总和；购车请您预估一下购置成本与20年的养护成本，其他支出请计算出第一年之后，每年按照3%递增（考虑通胀因素，CPI按照每年3%预估）。

第三步：算算账

请用收入的总计减去支出的总计，如果您得到的数字是正数，那么请将数据填写到下图A中；如果您得到的是负数，请将数字（不带负号）填写到下图B中。

图A

图B

注：赶紧拍下属于你的鉴定图片，发到微博上吧！成为我们书友会的会员，并与朋友们分享吧！看看其他人20年后过得有没有你好！发布的微博一定要记得@老可 哦！

第一章

如何找到钟爱一生的事业

——为你的职业做规划

你的“真爱”，只能在你充分投入每一份工作，让自己的心与工作完全亲密接触之后，你才能知道自己是否真的喜欢这份工作。我鼓励大家寻找“真爱”，但也鼓励大家脚踏实地。

1. 工作是一把雕刻刀

——工作塑造了你，决定了你是谁

你有没有想过工作是什么?

如果你对这个问题认识不清楚，我们谈什么职业规划都是鬼话。

> 米开朗琪罗完成雕塑《大卫》之后，名噪一时，甚是轰动。人们问米开朗琪罗是如何把大卫雕刻得如此栩栩如生的，其中的秘诀究竟是什么？他只是轻描淡写地说:“大卫本来就在这块大理石之内，我只是将不属于大卫的石块凿掉罢了！”

如果说刚毕业的时候，每个人都是一块璞玉，若干年后，大家千差万别，那一定是有一把雕塑刀凿掉了我们身上多余的“石料”，让我们变成了现在的样子。

那把雕刻刀究竟是什么呢? ——就是你的工作！

想想看，每天从睁开眼睛开始，你最宝贵的 8 小时就奉献给了工作，这还不算加班时间，还不算路上堵车时间，还不算你半夜睡得正酣，被领导、客户一个电话叫起来的时间，还不算你在周末早晨，想睡懒觉却因为早起的惯性睡不成，不自觉又去工作的时间！总之你一天最宝贵的时间，不是给自己了，而是给工作了；你一天接触最多的人，不是你的家人，而是你的领导、同事以及客户。

见过纤夫黝黑的脊背、粗糙的手吗？那是工作雕刻的杰作；见过网络上火爆一时的“板车哥”吗？人家那古铜色的肌肤，那健硕的胸肌，那棱角分明的人鱼线，那满脸沧桑的大胡子……让许多T台上的奶油小生都自惭形秽！——那是工作雕刻的杰作，它塑造了劳动者的身体。

其实，工作不光能塑造你的外形，还能塑造你的精神世界。初入职场，我们觉得这真是个大千世界，工作让我见识很多人、很多事，让我大开眼界；可是随着工作的时间越来越久，你会发现工作又束缚了你的视野，使得你的眼光只局限在自己的领域之中，对于行业外的事情你完全不懂。工作就是这样，它给你打开一扇窗，同时又关上了许多门，你的认知在工作之窗中不断砥砺，你的思维模式、认知习惯，都在工作之中渐渐形成。

此外，工作还会锻炼我们的能力，比如举重运动员，举得越多，劲儿就越大。道理都是一样的，你在工作中遇到的难题、攻克的难关，都是能力提升的垫脚石。跨过去了，你就强大了一步；你能走向的高度，都是你在工作中历练的结果。

最简单直接的是，你有工作，就会有张名片。想象一下你加入一个陌生人聚会的场景，大家如何做自我介绍？一定是我是某某某，我是做什么工作的。其实对人家来说，你是张三李四王二麻子根本不重要，重要的是你是做什么的，你做的和我有无关系。

总之，工作占用了你大部分时间，雕塑了你的身体，塑造了你的精神世界，锻炼了你的能力，还给你打上了标签，那你说工作是什么？这样看来，工作真就是一把雕塑刀，它塑造了你！在很大程度上，工作决定了你成为一个怎样的人。

为了让我们对这个观念有更深刻的认识，分享一部电影给大家。这部电影叫《死亡实验》，根据历史上一次真实的心理学实验改编而成。实验于 1971 年在斯坦福大学进行，当时美国心理学家菲利普・津巴多正在斯坦福大学任教。津巴多把心理学系大楼的地下室改装成了监狱，请来了一批学生参与实验。实验的结果令设计者本人也非常惊讶：原本是从 70 名候选者中，经过层层测试、严格筛选选出的、被认为是“情绪稳定、心智健全”的 24 名实验对象，怎么进入实验角色之后，会变得像魔鬼一样呢？

甚至就连实验的设计者津巴多也难以自拔，他逐渐脱离了客观中立的角色，反而日益演变成为监狱长的角色，并且对狱警们变本加厉的惩罚措施充耳不闻，直到他的女友与他激烈争吵之后，他才清醒过来。

电影《死亡实验》有德国版与美国版之分，我们引述的是美国版。电影中有一个细节，非常形象地展示了人进入“工作角色”之后的变化。片中被指定为狱警的有一个42岁的中年男子，他与臀部骨折的母亲住在一起，照料她的生活起居。母亲病后情绪一直不好，也总是对他发脾气，生活中的他看起来就是一个老好人，逆来顺受，温纯和善。

但就是这个老好人，后来成了狱警的头领，并变本加厉地对犯人实施残忍的镇压。实验规定，所有的犯人必须把餐盘中的食物吃干净，但是犯人们对食物感到恶心，拒绝吃完。值班的狱警坚持原则，于是爆发了一场冲突。这位老好人想出了一个办法去羞辱犯人。当犯人熟睡的时候，他带领狱警们拿着干粉灭火器，突然冲入监狱，对着熟睡的犯人一顿扫射。

“头领”还把带头闹事的犯人的一只胳膊锁在铁门上，然后大声对所有犯人宣布——“今天的事情，以后绝不允许再次发生，都明白吗？”犯人们默不作声，他又大声说道：“我说了，明白吗？”犯人低声回答：“Yes.”他继续大声追问：“Yes what? Cause I can’t hear you.”(是什么？我听不清你们说什么。）犯人们大声喊了一句：“Yes, sir!”(是的，长官！）这样他才感到满意。

这位42岁的狱警由奥斯卡影帝福里斯特·惠特克（Forest Whitaker）饰演，惠特克把这位平时唯唯诺诺，但被工作“魔鬼附体”的狱警演得入木三分，这位狱警大喊出上面这些话时，你可以看到他脸部的肌肉在抽搐，你能明显感觉到他在逐渐进入角色，随着施暴的进行，他正在一步步地建立自信，最典型的就是那句“Yes what?”，他一定要在犯人口中听到“Sir”这个词之后，才会罢休，才觉得自己拥有权威。

在这次施暴结束后，惠特克饰演的狱警走入洗手间，对着镜子中的自己，他难掩内心的激动，镜头一晃，给了一个特写，他发现自己的下体已经勃起了，导演或许在用该镜头暗示他曾经阳痿，但这次进入角色后的施暴，让他重塑了自信，并且越来越自我膨胀。

为什么这样一个平素里唯唯诺诺、情绪稳定、心智健全的人会变得如此残暴呢？这其中或许有很多原因，但是我们不难看出“工作角色”对人的“雕塑”作用。当真的进入“工作角色”之后，你会不自觉地按照这个角色的期待去行事，你可能会不断地告诉自己所做的事情是合理的，于是你会按照角色的期待，一直进行下去，甚至变本加厉。

英文有句话叫："You are what you do."（你做什么，你就是什么。）在这里，我们可以得到更好的印证。朋友们，你的工作真的很重要，它会在你身上打上深深的烙印，把你塑造成一个或许连自己都不认识的人。

所以在选择工作的时候，一定要慎之又慎。

2. 职业选择的“一见钟情”与“日久生情”

大部分人的职业选择都可以分为“一见钟情”与“日久生情”两种模式。如前文所说，若想找到我们一辈子从事的事业，必须从自己的兴趣爱好出发。这一点已经很明确了，乔布斯说过：“做伟大工作的唯一途径，就是爱你所做的事情。”我相信这是一条颠扑不破的真理。

想想看那些科技界的大佬，哪一个不是因为狂热的痴迷而成就了一代伟业呢？如今风靡一时的 Facebook 网站，其创始人马克·扎克伯格就是一个狂热的电脑爱好者。

> 10 岁的时候扎克伯格得到了第一台电脑，从此他将大把的时间都花在了上面。高中时他为学校设计了一款 MP3 播放机。之后很多业内公司都向他抛来了橄榄枝，包括微软公司。但是扎克伯格却拒绝了年薪 95 万美元的工作机会，而选择去哈佛大学读书。在哈佛，主修心理学的他仍然痴迷电脑。在哈佛的第二年，他

入侵了学校的一个数据库，将学生的照片拿来用在自己设计的网站上，供同班同学评估彼此的吸引力。

黑客事件之后不久，扎克伯格就和两位室友一起，用了一星期时间写网站程序，建立了一个为哈佛同学提供互相联系平台的网站，命名为The Facebook。The Facebook在2004年2月推出，随即横扫整个哈佛校园。2004年年底，Facebook的注册人数已突破100万，扎克伯格干脆从哈佛退学，全职营运网站。

这就是Facebook诞生的过程，你可以看到它最初居然源于一个恶作剧，而能想出这个恶作剧的，一定是非常痴迷这个行业的人。所以对于那些能在很小的时候就有明确的兴趣爱好，并且可以将其演变成日后工作方向的人，我们是真心地羡慕。这就好比是对工作“一见钟情”，并且可以厮守一生，真是一种幸福。

然而现实中这种情况毕竟少之又少，大部分人还必须学会“日久生情”，也就是逐渐爱上自己的工作。很多人一开始对自己的工作并没有多么喜欢，但是在工作一段时间后发现其实这份工作还是很适合自己的。讲个故事给你听……

一个女同学，性格开朗，做事麻利。大学没毕业就在一家外企实习，每天忙得不可开交。无奈外企名额有限，没有留下。后来进入一家事业单位，工作节奏没有以前那么快，一开始她很不习惯，觉得这里比较清闲，并不适合自己。

为此她还一度感到很郁闷，并且还曾经去其他公司面试。她对我说，当她再次走入办公室的大楼，看着人们匆匆的脚步时，心底一翻，她觉得自己已经不属于这里了。经历了这样一个反复，她才逐渐认清自己内心是渴望宁静的，渴望工作与生活的平衡。

而当她再次回到工作岗位之后，发现其实还是有很多事情可以做的。于是她主动向领导请示，领衔做了几个项目，得到了公司的表彰，她觉得很满足。工作几年之后，进入了生育年龄，她这份工作的优势就愈发显示出来。那些在外企打拼的姐妹，产假只有98天，符合晚育条件的加30天，这样算下来也就4个月。但是她们公司规定可以休息6个月，而且还有哺乳时间，每天可以晚上班一小时，早下班一小时。这顿时让她觉得幸福感大增。

当再次谈及是否喜欢这份工作时，她发现自己已经爱上了这份工作，她说："其实我的喜欢已经脱离了工作内容本身，我是喜欢能做成事情的感觉，以及工作与生活的平衡。"

这是一个真实的案例，她的那句“喜欢能做成事情的感觉”对我很有启发。我们有时很难区分到底喜欢工作的哪一部分，但如果你觉得工作的内容无趣，你还可以跳出工作看工作，其实只要你能将工作做好，干净利索地完成，你的心里就会有一种满足感。而当这种满足感累积到一定程度，你也会喜欢上这份工作。

相反，如果你始终无法爱上你的工作，那将是非常痛苦的。你总会有“身在曹营心在汉”的感觉，虽然在单位工作，但又总对这份工作不满意、不甘心，总是不能脚踏实地来做，于是在不知不觉中，也毁了自己的前程。对于这一点，我深有体会，讲一个自己的小故事：

当年我刚刚加入互联网的时候，对网络新闻这个行业知之甚少。但我毕竟是新闻专业出身，为了避开自认为低端的社会新闻，我自学了财经新闻方面的所有知识，成功加入国内某知名门户网站的财经中心。工作一年之后，我发现自己并不喜欢这份工作，于是萌生了离职的想法。

由于当时我还没有毕业，虽然在那里全职工作，但是以外部派遣的方式加入这家公司的。眼看一年期满，主编让我续约，由于是高科技公司，也可以给解决北京户口，这在应届毕业生眼中可是天大的

“馅饼”，但我还是毅然离开了。

这一年的工作期间，我虽然做出了很多成绩，多次获得公司嘉奖，但其实并没有全心全意去做，因为我总是在想我是否真的喜欢这份工作。这种想法始终在我脑海中萦绕，让我不能发挥自己百分之百的潜能。

得知我要离开的时候，副主编给我讲了一段话，我现在还记忆犹新，他说：“你现在不用那么着急成功，你就在这儿干吧，只要这家公司不黄（倒闭），你就一直干下去！”可是我当时哪里听得进去这些，于是离开了这个让人艳羡的平台。

造化弄人，本想离开互联网的我，偏偏又进入了一家互联网公司。回过头来看当初的我，如果能在第一家公司更加投入地工作，我一定会进步得更快。而当年劝过我的那位副主编，已经一跃成为那家互联网公司的副总编辑了。

这个故事讲起来，一直让人感慨，特别是他说的那句话：“只要这家公司不黄，你就一直干下去！”你可以说这种想法不完全正确，但他相对于当时的我来说，踏实多了，而正是这份踏实与投入，让他日后在职场上有了更大的成就。

我虽然美其名曰“寻找真爱”，但这也影响了我在公司的投入程度，甚至影响了我以后的职业路径。现在回想起来，如果我对每一段工作都能做到全力投入，我的今天一定不会是这个样子。

其实无论是“一见钟情”还是“日久生情”，你都必须爱上你的工作。但是找到“真爱”并不是一件容易的事情，就像谈恋爱一样，你或许不会谈了一次就结婚，但重要的是，你对每一份感情都应该是认真的，都要全力投入。寻找“真爱”，也是一个充满磨难的过程，不死心塌地地爱过几次，不碰得头破血流，你会知道谁是“真爱”吗?

回到工作中来也是如此，你的“真爱”，只能在你充分投入每一份工作，让自己的心与工作完全亲密接触之后，你才能知道自己是否真的喜欢这份工作。我鼓励大家寻找“真爱”，但也鼓励大家脚踏实地。我在企业的培训课上，常告诉大家一个原则，那就是——决定后不思考意义。

在找工作之前，你可以三番五次地甄选，看看自己是否喜欢、适合这份工作；但当你一旦决定入职，就要抛却一切虚妄的念头，脚踏实地地干上几年，只有这样，你才会真切地感受到这份工作的好与坏，才能发现自己是否真的喜欢这份工作。

至于低头拉车几年之后，是否要再次抬头看路，那是以后的事情了。

3. 探寻自己内心的想法

——你这辈子究竟要做什么？

生活中你要找到真爱，工作中也是如此，我们应该尽早想明白这辈子究竟要做什么。你可能觉得这种想法有些可笑，计划没有变化快，十年后会是什么样子，我都不敢想象，又怎么能预知这辈子能做点什么？这种想法没有错，我们确实无法预知未来，也无法确定将来具体要做什么工作。

但有一点能确定的是，你一定要认清楚你是一个怎样的人；你做哪方面的工作能发挥自己最大的潜能；你从事什么类型的工作会快乐，会从中得到最大限度的满足……而这些都是你自己的“激励 DNA”，是你工作的内在驱动力，是无论做什么工作，你都会拥有职业幸福感的秘密，这些你必须尽早破解，给自己一个明晰的答案。

那么有没有一种方法，可以帮助我们找到自己的“激励 DNA”呢？答案是肯定的，下文我们将介绍职业规划中的一种职业探索的方式，读者朋友可以对照自己的情况，来做一下自我发掘，来给自己的职业做个测评。

我们先来回顾一下一般人找工作的历程，他们的首要目标是找一份“好工作”，而好工作的定义因人而异，或许又太多受到世俗因素所羁绊。

有一次我在球场遇到一个小伙子，休息的时候聊天，他说自己刚刚高考完毕，报考的是政法大学。得知我有很多政法专业的同学，他的兴致高涨了许多，问了我很多问题，比如学法律的是否好就业，将来都可以去哪里，等等。我问他理想中的工作是什么？他斩钉截铁地说，公务员！我当时一愣，问为什么一定要考公务员？“稳定啊！”他理直气壮地说。他告诉我，父母觉得公务员好，希望他毕业后能考上。我当时觉得有些不可思议，那个打篮球时生龙活虎的小伙子，那么年轻，那么精力充沛，那么让人羡慕，怎么年纪轻轻的就贪图稳定呢？

看到了吧，这就是所谓“好工作”的标准，可怜我们的父母们，你们虽然是好心，但是你们知道这样害了多少孩子吗？上大学你们包办了，找工作你们包办了，你们有没有想过孩子的感受？电视剧《北京青年》中的何东（李晨饰），他一直是个乖孩子，竭尽所能满足妈妈所有的要求和期待，毕业之后按照父母的要求，考上了公务员，但是工作几年之后他就受够了。他逐渐地开始觉醒，最后终于逆天了——抛家舍业，决定重走一回青春。

何东是勇敢的，他敢于与自己的过去决裂，他敢于追求自己的梦想，这需要多么大的勇气啊。现实生活中，虽然很多人也有与何东类似的纠结与想法，也想冲出去重走一回青春，但是他们要么不敢、要么不能，多么可悲！

其实我们已经走入了一个误区，这个误区就是“价值—能力”的单循环，我们不是要考大学吗？那好，你就必须发展能考上大学的能力，于是你要天天语、数、外题海战术高强度训练；你不是要找好工作吗？那好，你就必须发展能找到好工作的能力，于是我们看到公务员辅导班、司法考试辅导班、注册会计师辅导班等等如雨后春笋般地发展起来……

整个社会都变得功利起来，为了拿到那个“价值”，我们可以不顾一切，可以使用各种手段，而对我们得到之后的感受，却丝毫不予考虑。别人可以不考虑，但你自己不能不考虑，因为在你得到那份“价值”之后内心的煎熬，只有你自己知道。

如果说大部分人都走入了误区，那正确的道路应该是什么样子的呢？

这里给大家讲解一个工作的“ATM 模型”(图 1-1)，什么是 ATM？我们都知道它是“自动提款机”的意思。我们将之引用到职业规划中来，只要你按照这个模型来定位自己的工作，那你就会感觉像拥有了自动提款机一样惬意，下面让我来具体解释一下。

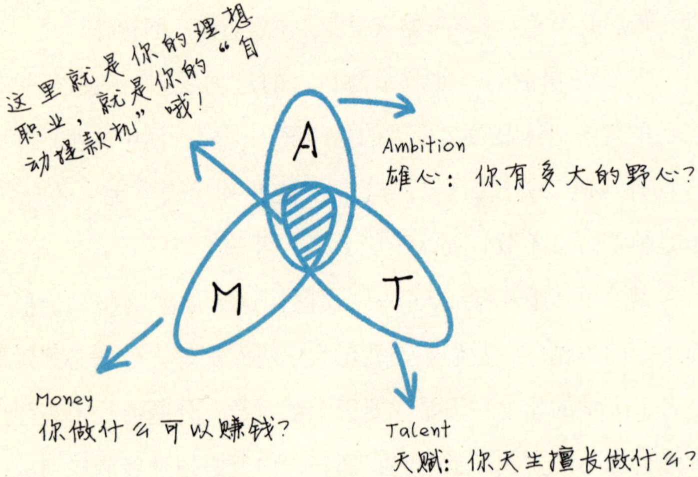

图 1–1 职业定位的 ATM 模型

A 指的是英文 Ambition 的首字母。Ambition 在英文中是一个褒义词，意思是“野心、抱负、渴望得到的东西”，一般在外企高管的简历中经常可以见到，有雄心勃勃之意。

用在职业定位中，Ambition 就是你自己内心深处的那个点，那个让你最渴望的点，那是你的雄心、你的成就动机、你的抱负，是你生命最原始的动力。我们的工作给我们带来的纠结、压抑、痛苦，大都源自一个问题——你目前做的工作不是你内心最渴望的。你不喜欢自己做的工作，所以也不相信自己可以在这个行业中长期工作下去，于是你在工作中遇到的困难、诱惑等，就成了折磨你的因素，让你无比纠结。

反过来那状态是完全不一样的。你可以像打了鸡血一样，三天三夜不合眼，内心充满了自信与喜悦，你会告诉自己:“成功已成定局，所有的坎坷不过是过程而已。”那时候你一定能体会到每天“怀着梦想入睡，抱着希望醒来”的感觉。

但是如何才能找到自己内心深处最渴望的那个点呢？这是一个需要不断自省的过程，具体方法你可以跟随本章后附的“四步心法”，跟着我们的思路对自己的内心做一次自省，相信你会对自己的 Ambition 有一个逐渐明晰的认识。

接下来 T 指的是英文单词 Talent 的首字母。Talent 意为“天赋”，天赋是什么，就是你擅长的事情，是你可以轻易比别人做得好的事情。有人有音乐的天赋，有人有绘画的天赋，有人有语言的天赋，有人有运动的天赋，每个人都是不一样的，你一定要找到属于自己的特长。

你可能会问，我觉得自己就是一个很平庸的人，我真的没什么天赋。请不要看轻你自己，即便你是个再普通的人，你也肯定有一个自己相对擅长的东西，不要和别人比，只要看你自己最擅长的是哪方面就好了。如果你连自己最擅长的技能都不能用来混饭吃的话，那其他方面就更没什么用了。

我坚信“天生我材必有用”，有时候你甚至不知道自己蕴藏的巨大潜能，你需要在恰当的时机被激发一下，那个时候你自己都会震惊！综观职场上取得成功的人士，无不是把自己的天赋发挥得淋漓尽致的，所以你一定要想办法找到自己身上的那个 T ！

最后 M 是 Money 的首字母。Money，很好理解了，就是“钱”！我们讲职场，不是在给你天马行空地“画大饼”，生活是很实际的，再有雄心，再有天赋，你也必须能挣到钱，这才是完整的职场逻辑，也是你能长久保持职业幸福感的秘诀。

这一点我真的是颇有体会，裸辞创业之后，我已经找到了自己的 A 与 T，但仍然在 M 的路上探索。你如何将自己的天赋产品化，如何将产品商业化，这是一门学问，也是我们大部分职场人都必须面临的课题。否则你再有雄心、再有天赋，那也不能天天喝西北风吧！

让我们整体来看一下这个模型，ATM 当中，A 必须是首要的，这是我们内心最渴望的东西，也是我们中国应试教育中最为忽视的东西。这导致大量的职场人忽视了对自己内心的探寻，而首先把目光盯到了 M 上，但是工作几年后发现，即便赚再多的钱又怎样，自己在与内心的渴望背道而驰，于是考虑是否要重新规划自己的职业生涯，但面对决定又“前怕狼，后怕虎”，这就是纠结产生的根源。

T 是天生的，但也是可以培养的。比如说你有音乐的天赋，但你不见得有演奏钢琴的能力。所以不要因为觉得自己没什么天赋而郁郁寡欢，当你明晰了自己的渴望之后，再审视一下自己的天赋，你可以在未来的职业生涯中，重点培养自己这方面的能力，这样你的天赋就不仅仅是天赋，而演化成了技能。这也是我们后面讲述“5P 职场决胜力模型”中最重要的一环。

最后，M是要不断学习的。赚钱的能力、商业意识，在我们这个以农耕文明为主的国家，对大多数人来说都是很困难的，但是没关系，这其中的基本道理很简单，我们也会在后文阐述，剩下的就需要你进行不断的摸索与改进了。

总之，希望你记住这个模型之后，你的职场真的可以像拥有了自动提款机一样，天天开心！

想一想

自我探寻四步心法

1. 忆童年

俗话说“三岁看大，七岁看老”，我们的很多特性其实在童年时期就已经展示出来了，只要你稍微留心一下，就可以发现一些蛛丝马迹。下面就让我们一起回想一下吧：

小时候与小朋友做游戏时，你经常扮演什么角色呢？

A. 孩子王； B. 活宝； C. 当差的； D. 孤胆英雄。

答案解析：

A：你具备领袖气质，不甘居人下，有事业心，渴望自己做出一番成就。在职场中你通常担任领导者角色，并有创业冲动。

B：你是个乐天派，充满快乐，很容易满足。在职场中你重视人际关系，喜欢融洽的团队氛围，工作对你来说开心最重要，你总是希望获得别人的认可，如果没有达到，你会觉得失落。

C：你任劳任怨，喜欢把一件事情做好。在职场中，你通常是个踏实可靠的角色，没有什么雄心大志，喜欢做好领导分派的工作，是个务实者。

D：你崇尚英雄，有点个人主义，职场中容易独来独往，喜欢自己把事情搞定，而且你能力很突出，往往也容易自己搞定。只是偶尔可能与团队有点小冲突，你讨厌某一类的队友，这会让你看起来不太合群，是否觉得要改一改呢？

2. 画坐标

如图 1–2，横坐标一端是人，一端是物，代表你的工作对象是人还是物；纵坐标一端是数据，一端是观念，代表你工作的对象是数据还是观念。我们可以这样理解，用你喜欢与人或者物打交道，还是喜欢与数据或观念打交道来区分不同的工作类型。

每一个坐标轴都被分成了三个级别，分别是一般、喜欢与热爱，从原点开始沿着箭头方向，喜爱的程度逐级递增。请在图上标出你最喜欢的一个点，如果你确信除此之外其他坐标轴上的点对你毫无吸引力，那么这意味着你是一个十分纯粹的人，这个点所在的坐标轴就代表你的职业兴趣。如果你标注的不止是一个点，那么请把你标注的所有点连接起来，两点连线会与坐标轴构成一个三角形，而适合你的职业就在那个面积最大的三角形之中。

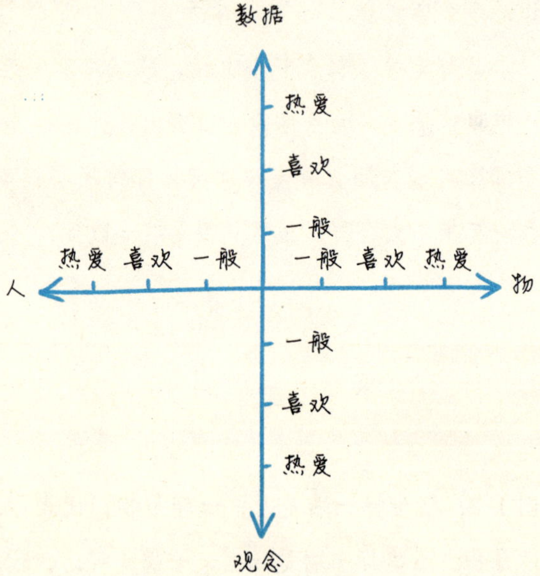

图 1–2　职业定位图

答案解析：

◆ 数据型

这类人很喜欢与数据打交道，逻辑思维能力很强。他们通常喜欢用数字说话，或者喜欢计算机程序，或者喜欢处理文档，典型的对应工作就是财务、会计、审计、出纳或电脑程序员，等等。

◆ 观念型

这类人很喜欢观念上的东西，而对数字非常讨厌，大多具有艺术气质。他们喜欢找到新的表达方式，或者新的做事情的方法，典型的对应工作是服装设计师、摄影师、广告创意设计师，等等。

◆ 社交型

这类人天生喜欢与人打交道，他们喜欢关心别人，或者喜欢给其他人提供服务，或者喜欢与人聊天、喜欢交朋友、喜欢卖东西给别人。对他们来说，世界上没有陌生人，只要给他们5分钟，他们足可以和任何人谈笑风生。这些人天生适合做销售，或者做社区工作者、大型活动的组织者或志愿者，等等。

◆ 操作型

这类人不喜欢与人打交道，站在人群中他们会觉得不知所措，会觉得很不舒服，他们也不喜欢枯燥的数据，讨厌看不见、摸不着的观念或者流程，但是喜欢实实在在的东西。他们更喜欢操作机器、研究原料，他们喜欢小动物或者植物，这些人当然适合做建筑师或者流水线上的生产者，等等。

当然，没有人会是那么绝对，我们更多的时候会处于其中的两者之间，这也是为什么大多数人在做这个测试时，会画出几个三角形的原因。但是通常来说处于“人与数据”之间的适合做管理，处于“人与观念”之间的适合做艺术，处于“数据与物”之间的适合做技术，处于“观念与物”之间的适合做科研。看一下自己那个最大的三角形，你找到自己的位置了吗？

3. 问心声

有个成语叫“扪心自问”，就是与自己的心灵对话。这是一次心灵探索之旅，方法很简单。很多时候我们不清楚自己喜欢什么，不知道自己要什么，不知道自己能做什么，是因为我们对自己的研究不够深入，而发问是最好的反思方法。如果你的问题能够层层深入，像剥笋一样直指内心，那你一定能够找到答案。看到这里，你不妨拿起笔，写下这些问题的答案：

1. 有没有什么事情是你特别渴望去做的？如果这是你的工作，即使没有任何报酬，你也愿意去做吗？

2. 有没有什么事情是让你特别满足的？回想一下你做这件事情时的情景，让画面就像电影一样在眼前浮现，体会一下究竟是什么让你产生了满足感？

3. 这种满足感，你可以从工作中获得吗？可以从哪些工作中获得？这些工作中你最喜欢哪一种？哪一种是目前最可行的？

4. 有没有什么事情是你生来就比一般人做得好的？你可以毫不费力地就比你的绝大部分朋友做得好？

5. 你周围的人都是怎么评价你的？特别是你的亲人、朋友、同事，在他们眼中你最突出的地方是什么呢？

6. 回顾一下过去，想想你做过的最得意的一件事情是什么？你当时遇到了哪些困难？你是如何解决的？其中哪种能力是解决问题的关键？

7. 这种能力与你天生的优势、熟人眼中的优点是否一致？这种能力可以应用到工作中吗？有哪些工作需要这种能力？其中你最喜欢哪种？目前哪种最为可行？

8. 幻想一下你退休时的样子，理想状态下，你希望自己退休后过什么样的生活？你希望自己在哪种工作上退休？

9. 设想一下3年后的你是什么样子？你离自己退休时的目标近了多少？

10. 为了那个终极理想，你今年能做什么？近3个月可以采取什么行动？今天可以做点什么？

答案解析：

其实，这10个问题大体可以分为三类。

第一类是探寻你喜欢什么，你做什么事情会有成就感与满足感，找到这种满足感，你就像是找到了自己的开关。只要开关打开，你就会自己启动，停不下来。

第二类是探寻你的特长，我们希望你能发现自己的核心优势，这个东西有时是天生的，就像姚明的身高、小沈阳的嗓子，当然也有后天学习来的，但是它足以使你的水平大大超越常人，这些也能成为你安身立命之所在。

第三类是探寻你的终极梦想，你最终要成为什么人，你的理想状态是什么，这其中就隐含了你对自己的期待。

把这些问题的答案写出来，看看是否能找到交集，最好能找到你自己喜欢并且擅长的事情，这样你以后工作起来不但会感觉得心应手，还会乐此不疲。当然，最重要的还是要采取行动，当你明确了目标之后，接下来要做的就是——动起来！

4. 画梦想

最后一步我把它称为“画梦想”，其实很多时候我们并不清楚自己最渴望的东西是什么，我们只是有一种朦胧的感觉，并且这种感觉一直支配着我们整天忙忙碌碌。虽然无法名状，但是你却可以把它画下来。

请闭上眼睛，想象一下你最理想的工作环境与工作状态，直到你可以清晰地看到画面、听到声音，甚至闻到情境中的气味，然后将这个画面画下来。

答案解析：

这种方法可以把你的欲望形象地展示出来，让你真切地感受到你想要的是什么。但是别急，功课到这里还没有结束。当你能够把自己想要的东西用画面呈现出来之后，你还要去体会自己实现梦想之后的感受。

有时候，我们头脑中有一个模糊的、想要得到的东西的影像，但是我们并没有仔细体味如果我们真的得到它之后的感受，这种情况下就会存在偏差。当你追求到梦想中的那个画面之后，你却没有感觉到自己应该有的那种满足感。

那么，不妨让我们在最开始的时候就仔细冥想一下这种感受，假设你真的梦想成真之后的感受。在你的脑海里不断地演练你已经拥有了你想要的东西的感受，让你的每一个细胞都沉浸在这种感受之中……

这样，你不光能明确自己想要什么，还能体会出你得到之后的感受，当这种感觉深入潜意识之后，在现实工作中，你就会很快发现你喜欢什么，不喜欢什么，它会像一台精密的雷达，时刻指引着你的感觉，保证你不会出现偏差。

4. 制订自己的职业规划

——生涯平衡单与成就事件

在一个人的职业生涯中，最困难的是什么？答案是，做选择。现在拥有的一切，都是你过去选择的结果。想要找到工作中的“真爱”，对于职场中不同类型的人，尤其是对那些“错位纠结型”与“迷茫探索型”而言，能否做出明智的选择就至关重要了。下文我会以自己的经历为例，介绍两种重要的职业生涯规划工具——生涯平衡单与成就事件。

不知道你有没有过这种经历，在一个伸手不见五指的山洞中，远方可以看到一点豆大的光亮，你想走向那个光亮，但是担心脚下不远处就是万丈深渊；你还担心光亮之外的世界，那是一个陌生的世界，外面是否会有豺狼虎豹，抑或是掩藏着未知的危险呢？

当考虑是否要离开互联网行业的时候，我就好比身处那个黑洞之中。一种莫名的恐惧包裹着我，我该如何做出这个决策呢？我在小心翼翼地盘算着……

2012年2月19日下午，我与妻子坐在肯德基中，思考着我的未来。为了整理杂乱的思绪，我首先绘制了一个图表（图1–3）。虽然我那时还不知道什么是“生涯平衡单”，但人被逼到一定份儿上，傻瓜也会成天才的，后来我居然发现，这真的就是一个平衡单的简易版。

首先我给自己摆出了三种选择，留下、创业还是转行。你可能会问我，不是已经确定不喜欢这份工作了吗，干吗“留下”还是一种选择？其实当你决定离开的时候，心里或多或少还是会恋恋不舍。

2012.2.19 15.14 于 KFC.

	兴趣	成就	收入	资源	闲暇	前景	目标
权重	5	5	4	4	3	5	5
留下	0	2	4	4	4	3	2
	0	10	16	16	12	15	10
创业	4	5	2	4	2	4	4
	20	25	8	16	6	20	20
改行	完全不了解啊——						

图1–3　老可实际运用过的简易决策平衡单

然后我列出了自己在选择工作的时候看重的几个因素，它们分别是兴趣、成就、收入、资源、闲暇、前景、目标；再依次给这些因素打上权重，你可以在图 1–3 中看出我在意的东西。

因为自己改行做什么，那时候还没有想好，所以你可以看到，实际的比较选项只有两个，而最终的计算结果也很明确，其优劣一眼就能看出来。那就是留下，有钱，没兴趣，没成就；离开创业，有成就，有兴趣，但没钱。

这是一个很现实的问题，在一个工作组织内部，虽然你不喜欢它，但它再破再烂，毕竟是个避风的港湾，多少会让你有些安全感，你有固定的工资，有五险一金，房贷、车贷都有保障，真的离开，那可真是“白茫茫大地真干净”，什么都没有了，我能行吗?

这时，我就像那个在黑洞中的探路者，抬头隐约可以看到一点光亮，我非常渴望走向它；但我又顾虑着脚下的危险，更不知道走出去会是一个怎样的世界，外面会有豺狼虎豹吗?

留下是煎熬，走出去却顾虑重重，怎一个“纠结”了得?

其实，看了前面的比较，你可能已经知道我的选择了，毕竟谁痛苦谁改变，如果不是那么煎熬也不用费那么多心思做这些图表了。但是问题又来了，如果离开的话，做什么呢？你不喜欢这份工作了，那你喜欢什么呢？

怎么突然发现我像个哲学家啊，这么多问题！但是没办法，我只是不想委屈了自己的心。于是我又开始思索自己究竟对什么感兴趣。我想挖掘出自己内心深处最渴望的那个点，也就是前文所述ATM模型中的A（Ambition）。

虽然我不知道用什么方法，但常识告诉我，历史可以预见未来。于是我把思绪拉回到过去，去找寻自己当年的快乐时光。再强调一遍，天才都是被逼出来的，后来我系统地学习了职业规划的课程之后，才明白现在我运用的这招叫“成就事件回顾”。

我把思绪拉回到过去，仔细搜寻着哪些工作上的事情让我感到过快乐。渐渐地，记忆的画面锁定到了那个夏天……

2003年夏，我在沈阳的一家都市报跑社会新闻。一天我接到领导的指派，说建昌县出了一个高考状元，他的家庭很不一般，父母都是智力有点问题的残障人士。只有这么只言片语的线索，我就带着任务出发上路了。

建昌离沈阳300多公里，当时还要先坐火车，转乘客车，折腾了一天好不容易在天黑的时候到达了当地的教育部门。那天下着暴雨，我躲在门房中等着人来接我。同去的还有当地的一个记者，他在县里了解了点情况，就回去写稿子了，走的时候还咋咋呼呼地说要给带来多少捐款。

虽然采访到了有效信息，但我觉得一定要见到学生本人才行，于是住了一晚，又坐着把屁股都要颠碎的蹦蹦车，开进了大山当中……我在这里一连住了三天，采集了丰富的素材，回来写了一篇通讯——《与命运抗争的山里娃》。

文章见报后，我们接到了很多热心读者打来的电话，要求给这个孩子捐款。真没想到一下子捐了5万元，当我第二次带着读者的捐款，走进这个贫困山区的时候，我感到无比地幸福，那种感动不是能用语言来形容的。后来这个孩子考上了复旦大学，如今已经毕业了，返回沈阳做了一名公务员。我们至今还保持着联系。

这件事一直是我的骄傲，在那短暂的报业生涯中，这绝对是一个亮点，我真的凭借着自己的笔，改变了一个孩子的命运！我很自豪没有像那个当地的记者一样，蜻蜓点水式的采访，然后拍屁股走人；我很欣慰在我还只是拿实习工资的时代，临别前还给他留下100元表示资助……这段经历让我明白，自己是一个有助人动机的人，是一个要追求工作“意义”

的人。反观我日后的工作经历，如果我质疑了这份工作的意义，我会感到很失落。感谢那段经历，让我认清了自己……

思绪继续在记忆中飘荡，还有什么是我感兴趣的呢？还有什么事情，能让我感觉特别满足呢？于是记忆又拉回到这些画面……

> 大学时代的辩论场上，一个年轻人思维敏捷、慷慨激昂，他总能抓住问题的核心，适时给予对方强有力的回击；北大百年讲堂上，他表演的话剧，引来一阵阵笑声；他穿着草绿色的军装、中山装、皮夹克等不同时代的服装，将各个年代的爱情演绎得淋漓尽致；小剧场里，他与专业话剧演员同台，表演着白领工作的辛酸苦辣，他总是那么投入，那么富有激情，他讨厌记台词，但每次都发挥得很出色，朋友们都说他可以做一个出色的演员……

以上是我在大学与工作之后觉得特开心的时刻，辩论赛既能锻炼人的逻辑思维能力，又让我体会到那种“指点江山，激扬文字”的感觉；而话剧让我成了舞台的主角，不得不说我是一个喜欢站在前台的人，一个喜欢被关注的人，认识到这一点，对我以后的职业生涯产生了重大的影响。

此外，还有什么是我特别看重的吗？我依旧在记忆中努力地搜寻着。于是下面的画面，渐渐进入我的脑海……

> 我家屋后有一棵大杨树，每到夏天，总会有很多人围坐在树下乘凉。在这棵树下，我总能发现很多新奇的玩意儿。有个白胡子爷爷，他教我如何用沙子在地上画出一个小兔子；他还教我很多棋类的玩法，那个时候在地上画棋盘，捡一些小石块儿做棋子。我们玩过很多种类的棋，有“五道儿”、“逼上梁山”、“憋死牛儿”等等。我曾经一度沉迷于此，并练就了一种只要让我先走，对方就绝对没有胜算的棋路。
>
> 再后来，有些上了初中的姐姐加入了我们，我喜欢听她们讲学校里的故事。她们几个小伙伴，还彼此出题考对方在学校学到的知识。总之，小时候那无忧无虑的时光，那杨树下的故事，依然是我内心温暖的港湾……

其实，这是我内心深处很在乎的东西，求知欲与和谐的人际关系。后来我发现，无论我做什么工作，当我觉得自己无法在这份工作中学到新知识、自己无法获得成长的时候，我会感到厌倦、感到失落；当工作环境中人际关系复杂的时候，我会觉得压抑。

让思绪飘到当下，回顾了过去的“幸福片段”之后，我逐渐对自己的兴趣点有了比较清晰的认识，于是我在纸上给自己写下的评语是：这是一个内心温暖、渴望进步的人；这是一个看重意义、乐于助人的人；这是一个渴望舞台、展示自我的人。

当我把这三点写到纸面上的时候，思绪渐渐明朗了。在那个温暖的午后，我和妻子坐在KFC盘算着以后的路，于是一个行业渐渐清晰起来，我们似乎不约而同地写出了“教育培训”这四个字。教育培训，既能学习新知识，又能助人，又能展示自我，还有什么比这更适合我的需求呢?

于是妻子在本子上画了一只小乌龟，旁边还画了一个圆圈，并加上了一行批注——不干互联网，干教育培训啦！

当我看到那个本子的时候，会心地一笑，是啊，好端端的工作不干，非要跑出来追求什么理想和兴趣，这在妻子眼中简直就是个“王八蛋”！

5. 纸上得来终觉浅，绝知此事要躬行

当我们脑子里有一个想法，想走进一个陌生的世界时，心中难免忐忑不安。这时候有两种方法，一是问熟悉的人，二是自己亲自试一试。跳槽、转行等职场中的事情，道理也是一样的。

当我有想法转行做教育培训的时候，心里一样没底。我能想到的办法就是去问这一行业里的人。于是在离职前的一段时间，我给自己制定了明确的时间表。我要在一个月内，访谈30位行业里面的人士，包括HR总监、培训经理、培训公司高管、猎头、培训师、大学生、职场白领，等等。

当你去访问别人的时候，一个有意思的现象发生了。他们问得最多的一个问题便是，你现在做得多好啊，干吗一定要干教育培训呢？接下来的问题便是，他们从内部人士的角度，给你讲很多内幕，这个行业有多乱，有什么猫腻，多么多么不靠谱！当然也有鼓励你的，觉得你适合做这个，在这一领域一定能大有作为。

这让我想起了《小马过河》的故事，多么相似的情节啊。

松鼠说:“千万不要过，它会淹死你的，我的一个亲戚就是这么淹死的！”大象说:“没问题，那河很浅的，还不到你的脚面呢！”这个寓言故事，我们小时候就学过，但真遇到事情之后，你才发现若想在外界嘈杂的声音中分辨出自己内心的召唤，并做出接近客观的判断，并不是一件容易的事。

各种看法莫衷一是，我决定试一试。刚好有位朋友在做职业规划，是我之前在微软做《职场人生》节目访谈的嘉宾，他们的主要课程是辅导大学生求职。当然他也是我的访谈对象之一了，当我跟他说了自己的想法之后，他说我这里可以给你提供一次培训的机会，你可以切身感受一下，我欣然应允了。

于是在接下来的一周内，我查阅了大学生求职的详尽资料，并且做出了 PPT 课件。经过数次演练之后，在一个冬日的早晨，我走进了北京某高校的教室。在那里我花了一上午的时间，给同学们讲授了职业规划的方法，详细介绍了简历的制作技巧，并且还进行了三轮模拟面试。

站在讲台上的那一刻，话筒拿在手中，我居然没有一丝一毫的紧张。讲得很流畅，现场的气氛很热烈，3 个小时没有一个人离场，而且教室中听的人还越来越多。这让我们感到很兴奋！这次授课，我带了一个小制作团队随行，他们把我讲课的内容录成了视频，并且拍摄了很多照片。然后我把授课视频播放给朋友看，让他们提意见。最终得到很多正面回复，当然也不乏提出改进意见的人。

这个时候再听那些不同意见的声音，你就不会迷惑。因为我已经体会到了那种站在讲台上的感觉，那种感觉只有我知道，那是我想要的。在接下来的一段时间内，我又接受了企业的邀请，去做了两场企业内训，讲授的课题也是我非常擅长的新员工职业化培训，我越发觉得得心应手，而且我非常喜欢与人分享时的状态。

回顾一下我们的 ATM 模型，我有这个雄心，有这个天赋，并且这也给我带来了回报。虽然是小试牛刀，但第一次授课，我就拿到了 3400 元的报酬，那仅仅是 3 个小时的课酬。这样的回报也让我觉得满意。

于是我更坚定了内心的想法。

6. 既然选择，就要放手一搏

既然目标已经明确，决定也已经做出了，按理说，应该马上付诸行动了，但是真的要迈出那一步的时候，你会发现还真的很艰难。那些早已盘算好的问题再次萦绕在我的心头，我真的准备好了吗？我真的要放手一搏了吗？

虽然那时我还不清楚自己头脑中的那个“梦想”如何开始，但我还是在一点点地迫近那个“洞口的光亮”。我琢磨着，有没有一种方法，可以最大限度地预知一下走出那个“洞口”之后，外面的风险程度到底如何呢？

依然是那个下午，我坐在KFC中，仔细思忖着将来的种种可能，拿起笔在纸上画了起来。我想到一种方法，画出一件事情可能引发的连锁反应。这有点像多米诺骨牌的翻版。我先是在纸的中心画出一个圆圈，写上“辞职”两个字，然后再画出这件事情可能引发的连锁反应，就这样一层层地画下去，

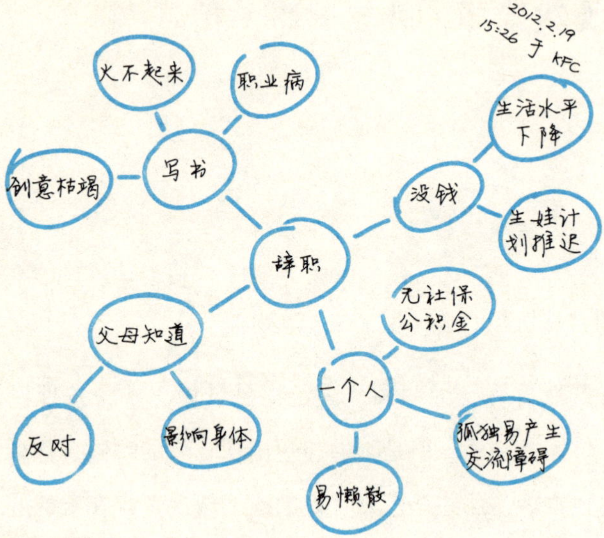

图 1–4　老可实际运用过的风险锁链图

直到穷尽我所有的担忧为止（图 1–4）。

我首先想到的是钱的问题，毕竟这个是最现实的问题。我盘算了一下银行卡中的余额，仔细地计算着每月的房贷、车贷、日常花销等，最后觉得还可以支撑一段时间。这个问题可以暂时忽略，只是我们生娃的计划要推迟了。看来追求事业，还是有代价的。

其次，我想到了父母。他们一直以我的工作为骄傲，也觉得我工作很稳定。我这边万一裸辞了，老人家会怎么想呢？虽然从小到大，他们很支持我的决定；虽然我告诉他们之后，他们也不见得会反对我的决定，但他们一定会担忧，一定会夜不能寐。怎么办？瞒着！又解决一个！

我最开始的思路，是从写书切入培训市场，写书也被我列为离职之后的首要任务。在这个分支上，又出现了如下担忧，如果书出来不温不火怎么办？如果文思枯竭怎么办？如果出版商赖账拖欠版税怎么办？这些都是未知数，但至少我在这方面还是有经验的，至少我的第一本书《你能行》是成功的，这本书受到了微软全球副总裁张亚勤先生的推荐，还荣登当当5星畅销书榜，收到2000多条网友评论、100多位网友的提问，这或多或少给了我一些自信，于是这个顾虑暂时搁置。

还有一个问题就是，裸辞之后难免要有一段空档期。人如果当真脱离一个组织，完全单打独斗的话，这对人的自制能力、自我管理能力是一个极大的挑战。我会变得越来越懒散吗？我会由此陷入孤僻，越来越自闭吗？这些也是不得不考虑的问题，不过这些构不成主要风险，可以暂时忽略。

诸如此类，当我在纸面上穷尽了所有潜在的风险之后，心里似乎觉得轻松了一些。我对自己说，该想的都想到了，放手去干吧！话虽然这么说，但是睡了一觉之后，我还会觉得有些空落落的，这就是我们前文所说的“纠结”！

后来记不清在哪一次非正式的交流中，我向领导透露出了要离职的想法，她并不感觉到意外，因为我们之前交流过工作上的一些感受，她知道我并不喜欢目前的工作。让我感动的是，领导主要考虑的是我的将来，她也不确定我要做的事情能否成功，她希望我找到下一个单位再走。我很感谢领导对我的信任与帮助，我答应一定把年底的重头活动做完，并且等找到继任者之后再离开。

年终战役结束，周一上班的时候，我收到一封邮件，是领导发给我与总监的，核心意思还是挽留。我看了之后，又是一阵感动。只是此时我决心已定，所以就不再纠结了。我先给总监回了消息，然后给领导写了一封长信，对她的支持与厚爱表示感谢，但是我真的下定决心要做一番属于自己的事业了……

就这样，我终于迈出了这一步，走到了那个“黑洞”的洞口，外面的世界是什么，究竟有着怎样的光怪陆离，这一切还都是未知数，等待着我去发掘……

行文至此，我已经把自己“寻求工作真爱”的经历完整地表述出来了，这里面每一阶段我的思想变化、我的决策心路，算是完整地自曝了。不知道你有没有相同的感受，不知道你是否也在，或者有过与我类似的“纠结”。我想一定会有的，因为我们都在职场，我们都有大体相似的命运与经历。

如果你正在经历类似的“纠结”，如果你还不知道如何取舍，不妨试试我的方法吧？把自己的思绪都落实在纸面上，然后把所有的选择与风险都分析出来，最后看看是不是最坏的结果都能承受。如果是的话，那就放手一搏吧，年轻人，有什么可怕的呢？

我再一次感受到追随内心的快乐。

练一练

生涯平衡单的运用

平衡单（balance sheet）由詹尼斯和曼（Janis 和 Mann）设计，他们将重大事件的思考方向集中到4个主题上：1. 自我物质方面的得失；2. 他人物质方面的得失；3. 自我赞许与否；4. 社会赞许与否。

实际应用时，由于认为“自我赞许与否”和“社会赞许与否”仍显得笼统，所以台湾生涯辅导专家金树人将最后两项改为“自我精神方面的得失”与“他人精神方面的得失”，就是从以“自我——他人”，以及“物质——精神”所构成的四个维度来考虑。

平衡单的设计，用来协助决策者做出好的重大决定。它可以帮助决策者具体地分析每一个可能的选择方案，考虑各种方案实施后的利弊得失，最后排定优先顺序，择一而行。

下图是平衡单的具体模板，你可以假设自己正面临一项职业生涯中的决定，可以将考虑到的因素填到平衡单中，然后计算出分数，看看是否有利于你厘清思路。请在权重一列给每项因素打分，分值为 1 ～ 5 分，然后分别再给三个选择中的每一个因素对应打分，最终计算出每一个选择的总成绩，得分最高者为最优选择。

生涯平衡单							
考虑的因素	权重	选择一		选择二		选择三	
	1~5	打分	加权得分	打分	加权得分	打分	加权得分
自我物质方面的得失							
1. 收入							
2. 工作的难易程度							
3. 升迁的机会							
4. 工作环境的安全							
5. 休闲的时间							
6. 生活变化							
7. 对健康的影响							
8. 就业机会							
9. 其他							
他人物质方面的得失							
1. 家庭经济							
2. 家庭地位							
3. 与家人相处的时间							
4. 其他							
自我精神方面的得失							
1. 生活方式的改变							
2. 成就感							
3. 自我实现的程度							
4. 兴趣的满足							
5. 挑战性							
6. 社会声望的提高							

7. 其他							
他人精神方面的得失							
1. 父母							
2. 师长							
3. 配偶							
4. 其他							
总分							

成就事件的运用

成就事件是用来发现你的激励 DNA 的，也就是帮助你找到前文所述 ATM 模型中的 A，找到你内心最渴望的那个点。它的操作方法很简单，这里给大家介绍一种工具——鱼骨图。鱼骨图由日本管理大师石川馨先生所发明，故又名石川图，是一种发现问题“根本原因”的方法。其特点是简捷实用、深入直观，它看上去有些像鱼骨，故名鱼骨图。

1. 回顾成就事件时，可以采用鱼骨图的方式（图 1–5）。

2. 首先，在白纸上画上一条横轴，箭头向右，这条横轴代表时间轴。

3. 然后，在时间轴上依次标出 ABCDEFG 等坐标点，每一个点表示一个令自己感到有成就的事件。

4. 将每件事用语言描述出来，分别写在对应的横线上。

5. 把每件事提炼一下，分别抽取能够体现你的兴趣、能力、价值观的点，并写在对应的鱼骨图上。

6. 圈出鱼骨图中相同的兴趣、能力、价值观，这些反复出现的词语、字眼就代表你的兴趣、能力与价值观。

7. 将兴趣、能力、价值观三者取交集，找出与之对应的职业。

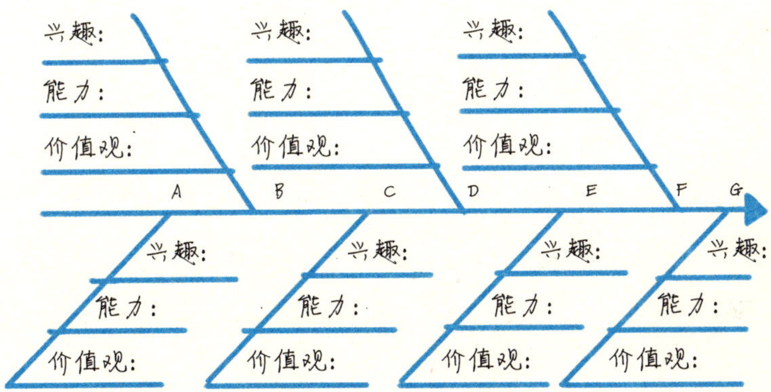

图 1–5　成就事件鱼骨图

成就事件描述

A:

B:

C:

D:

E:

F:

G: ______________________________

____

____

◆ 职业访谈

职业访谈，通过与一定数量的职场人士会谈而获取关于一个行业、职业和单位“内部”信息的一种职业探索活动。通过访谈，了解该职业岗位的实际工作情况，获取相关职业领域的信息，进而判断你是否真的对该工作感兴趣，实际上是一次间接、快速的职业体验。

下面介绍一下访谈的基本原则和方法，供读者朋友参考。

细心的读者一定会发现，我们这里采用的正是ATM模型，只是顺序稍微做了调整，为什么会这样呢？这是为了更符合被访者的心理接受过程，想想看，访谈刚刚开始，面对一个陌生人，你很难让人一开始就交谈到精神层面的东西。而从工作内容切入，双方都会觉得有话题可聊，就不会觉得尴尬，这样更便于访谈的进行。

目 的	范 围	提问示例
确认自己是否胜任此项工作（Talent）	工作内容	1. 这项工作都包含哪些内容？ 2. 请介绍一下你每天的工作流程？
	工作技能	1. 这项工作需要哪些技能？ 2. 公司有无相关培训？
	工作难点	1. 你觉得工作中最难的是什么？ 2. 你是如何克服这些难题的？
确认自己是否喜欢这项工作（Ambition）	工作成就	1. 你觉得目前的工作有成就感吗？主要来自哪里？ 2. 你觉得哪种性格的人适合做这样的工作？
	考核标准	1. 公司的考核标准与流程是什么？ 2. 你觉得公司的考核客观公正吗？
	晋升通道	1. 公司关于这个岗位有没有设计职业通道？ 2. 晋升需要什么标准？周期通常是多久？
确认工作能否带给你满意回报（Money）	工资待遇	1. 这个岗位的平均薪资是多少？ 2. 每年通常的工资增幅是多少？
	薪酬福利	1. 公司有何福利待遇？ 2. 工作时间、休假制度如何？
	行业前景	1. 这一行业的前景你如何判断？ 2. 公司在行业中的地位如何？目前有何计划？

◆风险锁链图

根据上面的平衡单，你可以做出一个决定，但任何决定都是有风险的，你如何看到风险的全貌，并且有效地控制风险呢？运用风险锁链图可以帮助你看清潜在的风险。

请在下页空白处的核心位置画一个圈，里面写上你要做出的决定。然后思考一下这一决定将带来哪些风险，每想到一个风险，就在核心圈上画出一条线，然后在线的另一端再画一个圈，把这个风险写在里面。这样以此类推，逐层破拆下去，你将看清这一决定潜在的所有风险。

破拆之后，先做排序，找出最重要的风险，然后为每一个风险思考对策，必要的时候要做出危机预案。

第二章

建立你自己的“价值金字塔”

——你的核心竞争力是什么

事情要做到极致，只有这样，你才能在社会交换中，处于价值链的顶端，你才能在职场上取得属于自己的成就。不得不承认，你我大都是普通人，而我们要想取得成功，就不得不把自己有限的精力、智力、时间，投入到一个聚焦点上，并成为这一领域的专家，这才是取胜之道。

1. 接受自己的不完美

看过前文，你可能有一点点心潮澎湃，想要做一番事业。但是你可能会问，我真的行吗？你有没有怀疑自己，甚至是讨厌自己的时候？你有没有过否定自己的一切，觉得自己一无是处的时候？我有过。我们都是凡人，都会有这样那样的缺点，讲个故事给你听……

> 我很喜欢打篮球，可是我个儿不高，速度也不是很快，这么平庸的条件，在球场上不就是相当于一个“废物”吗？于是我总是感叹——我要有乔丹的爆发力与弹跳就好了！我要是有科比的天赋就好了！
>
> 我一度想练习弹跳，就是在腿上绑上沙袋，每天在台阶上跳来跳去，但是我发现这种锻炼的效果并不明显。我逐渐绝望地接受了这个现实，弹跳、速度等大部分都是天生的，这是人家的优势；即使有后天的努力，我拿自己的短处与别人的长处比，

永远都不会赢。

于是我改变了策略，开始把目光转向我的长处。我发现，我的控球手感不错，那种高难度的背后换手运球，我练习了几次之后，就可以连续做 50 次以上；我的大局观与视野很好，我总能在机会出现的第一时间，把球传到最佳的攻击点上。具备了这两点之后，我发现我其实可以做一名出色的控球后卫。

找到了自己的特长，再加上勤学苦练，我的进步是飞速的。当我再次走向篮球场的时候，我就把自己定位为一名控卫，我来组织，把最好的机会留给最合适的人。我们遇到过很多人高马大的对手，但有时依然可以取胜，凭借的就是积极的跑位与传球，把机会留给最好的人，让每一次出手都很合理。

写这个故事给大家，其实就是想说，我们都有很多缺点，但是我们要坦诚地接受自己的不完美。只有这样，我们才能抛却幻想，真正找到属于自己的优势。你还在抱怨自己的缺点吗？清醒一下吧，你就是这个样子。能改则好，不能改也不要浪费太多的时间了，你必须接受自己的不完美，才会有新的开始。

命运是公平的，它让你不完美，是为了要给你一个特长。而你要做的，就是找到它！

2. 你还在傻乎乎地补短板吗?

或许我们都听说过“木桶理论”，说的是木桶盛水的多少，由它最短的一块木板的高度决定，由此推断出，每个人所取得的成就，由自己短板的高度决定。根据这一理论，很多孩子拼命学习，门门都要争取 100 分，其实这是一个极大的误区。下面我讲几则典故，希望更多的人可以从这个误区中走出来。

> 1917 年，罗家伦想修外文，投考北京大学文科，恰逢胡适判阅其作文试卷。胡适毫不犹豫地打了满分，并向学校招生委员会荐才。可校委们查看罗家伦的成绩单后大吃一惊。原来，罗家伦的数学成绩竟然是零分，其他各科分数也都平平。取弃争论之际，主持招生会议的蔡元培校长力排众议，破格录取罗家伦。罗家伦后来成为“五四”风云人物，民主与科学“新文化”运动的旗手，传诵一时的《五四宣言》，便是出自他的手笔。

12 年后，已是清华大学校长的罗家伦在招生中遇到了钱锺书。当时钱锺书国文特优、英文满分、数学 15 分，只比罗家伦当年考北京大学略胜一筹，但是罗家伦在钱锺书的名字上大笔一勾，破格录取。钱锺书后来学贯古今，兼修中外，曾领衔翻译《毛泽东选集》英文版。《围城》《管锥编》《谈艺录》《写在人生边上》等著作，一度使其驰骋学界，赢得“国学泰斗”之誉。

类似的典故还有很多，季羡林当年的数学也只考了 4 分，但这并不影响他成为一位杰出的文学家与历史学家；臧克家数学 0 分，但这并不影响他成为一位杰出的文学家；吴晗，数学两次考了 0 分，但这并不影响他成为一位杰出的历史学家。

人一生取得成就的高度，是由你的最长板决定的，这是你的核心竞争力。而现实中可悲的是，大部分人很少有什么特长，差不多都是一个模子抠出来的。这样的人在职场上将永远作为平庸者而存在。如果你还没有发现自己的核心优势，那么赶紧静下心来，仔细分析一下，自己还有哪些是比别人强的地方吧。

我以前有位同事，业务能力一流，而且善于钻研。他是一个很偏执的人，把所有的精力都用来研究业务了，凡是他带领团队做出来的产品，都要明显高于其他人。但是这人同时也有很大的缺陷，那就是不善于处理人际关系。很难想象一个公司的部门负责人可以和CEO拍桌子吧，但他敢；也很难想象下属认为领导不对，就不执行命令吧，但他敢！

通常来说职场上人际关系不好的人，很难有较好的发展，这里是个特例。为什么是特例？就是因为他有自己的特长，这个特长足以弥补他的缺陷，公司容忍了他，看中的就是他的业务能力。后来此人获得了提升，CEO通报嘉奖，而且CEO还直接点出来他通过自己这么多年的努力，已经身家百万美金。

这就是职场中残酷的现实，它讲规则，也讲变通。你能在职场上走多远，取决于你有没有真本事，有没有核心竞争力，这是你吃饭的家伙，含糊不得。

3. 钉子法则：成功 = 聚焦 × 投入

在给企业做培训的时候，我经常会讲到一个类比故事，而这个故事你在别处绝对听不到，因为这是我原创的。

在白板上画出一块木板，在木板上方与其垂直的角度画上一颗钉子。然后提问现场的学员——如果我们把钉子穿透木板定义为成功的话，那么这个成功需要具备几个因素？这时候学员们就会七嘴八舌地讨论开来。

有的说和钉子的尖锐程度有关，有的说和钉子的硬度有关，有的说和木板的厚度有关，有的说和钉钉子的工具有关……讲到这里的时候，学员们往往会陷入思考，过一会儿可能有人说，还和作用在钉子上的力的大小有关。如果再追问，还和什么因素有关？这时候学员们往往会陷入更长时间的思考，可能有人能回答出来，有的人则需要多次启发才行。还有一个因素是什么呢？——那就是时间，水滴石穿，此言不虚也。

如果我们用 S 来代表成功的话，把刚才的几个因素整理一下，硬度用 H（Hard）表示，尖锐程度用 S（Sharp）表示，作用力的大小用物理学中的 N 表示，时间长短用 T（Time）表示，那么这个公式可以这样表示:S=HSNT

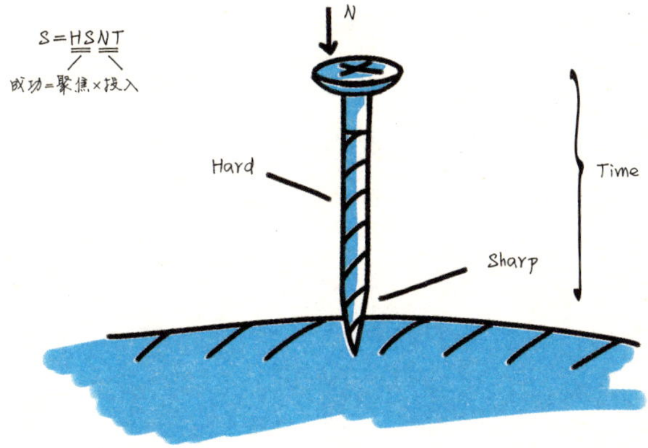

图 2–1 “钉子法则”示意图

其实，这是一个物理学的现象，当然这个公式也没有穷尽所有“穿透木板”的因素，但是却可以将之借用过来，帮助我们理解如何在职场上取得成功。首先，打铁还需自身硬，这指的就是我们的自身素质，无须赘言。其次，你还必须够锋利，你不能面面俱到，必须选择一个自己最强、最擅长的点来突破。最后，你还必须足够努力，而且要能克服重重困难，一直坚持下去。

讲到这里，我会继续发问，如果我们把这些因素概括成汉语，那会是什么呢？学员们又会议论开来，所呈现的答案也是林林总总，但最终我们总能得出共识，那就是，成功 = 聚焦 × 投入，“聚焦”就好比钉子的那个尖儿，在职场上就是我们选择的突破点，而“投入”就是我们的努力与坚持。

讲到这里，你应该看懂了我的逻辑：聚焦在哪里？一定是聚焦到自己的兴趣点与核心竞争力上。我提倡围绕自己的兴趣点建立核心竞争力，只有这样你才会有持续的激情与投入（如果你的核心优势与兴趣点不重叠，你就可能面临“寻找真爱”的过程，那就是另一番选择了）。当你选择好突破点之后，聚焦足够精确明晰之后，你所要做的就是持续不断地围绕这个点来投入，付出比别人高百倍的辛苦与汗水，你自然会有所收获。

想想看，但凡是你身边做出一点成就的人，你能不能在他们身上找到这两个因素。讲一段往事吧，说起来惭愧……

当我还在读研究生的时候，同寝室住了四个人。因为是学新闻专业的，赶上传统媒体江河日下的趋势，但又没有赶上互联网蓬勃发展的初期。当时我们总是在感叹，没有赶上好时候，这要是早生几年，互联网行业有的是机会啊。

与我们一同感慨的还有个河南的同学，有一段时间我发现他经常对着电脑发呆，时不时地问我对域名是否了解。我当时已经在互联网行业工作了，但是觉得这也没什么机会了，好的域名基本都被注册了，我们已经过了丁磊当年睡到半夜醒来，居然发现 163、126 等各种数字域名还是大片处女地的时代了。当时我没留意，也没有多想。

没想到毕业若干年后，这哥们儿还真的干上了域名交易的生意，并且已经手握大把优质域名，自己还做了一个第三方的域名交易平台。据我不完全统计，他通过域名交易至少在北京已经赚了两套房产了。

我真觉得非常惭愧，这是多么大的讽刺啊！想想看，我们当初一起慨叹没有机会的时候，恰恰就是一个机会窗口；虽然机会不大，但现在回过头来看，也好似当年的“小丁磊”时代，我自己还枉在互联网走过一遭，居然都没有塌下心来研究这其中的奥秘。

当然，我更想说的是这个故事与我们那个公式的关联。域名交易，这是一个很小的点，但是他就能塌下心来做，这就叫作聚焦；然后能一直坚持 9 年，这就是投入。他一个文科生，对域名注册、域名交易等这些本来是门外汉，但是他通过自己的持续投入，积累了在这个领域里面的专业度、知名度与商业价值。

再次说明，成功 = 聚焦 × 投入。

4. 要么不做，做就做到极致

如果再往深里想一层，我们前文所说的聚焦与投入，其核心诉求是什么呢？——就是要求我们把事情做到极致。只有这样，你才能比别人具备比较优势，才能以此在职场上进行价值交换。

讲到职场，你一定对工资的多少很感兴趣吧，那就让我们来看个图片（图 2-2），揭开工资的秘密吧。该图是哈佛大学商学院教授迈克尔·波特提出的价值链理论，用以阐释公司的利润来源，让我们先来了解下这一理论的背景。

波特认为企业的价值创造是通过一系列活动构成的，这些活动可分为基本活动和辅助活动两类，基本活动包括内部物流、生产作业、外部物流、市场销售、客户服务，等等；而辅助活动则包括一般管理、人力资源、技术研发、采购支持，等等。这些互不相同但又相互关联的生产经营活动，构成了一个创造价值的动态过程，即价值链。

波特的“价值链”理论揭示，企业与企业的竞争，不只是某个环节的竞争，而是整个价值链的竞争，而整个价值链的综合竞争力决定了企业的竞争力。

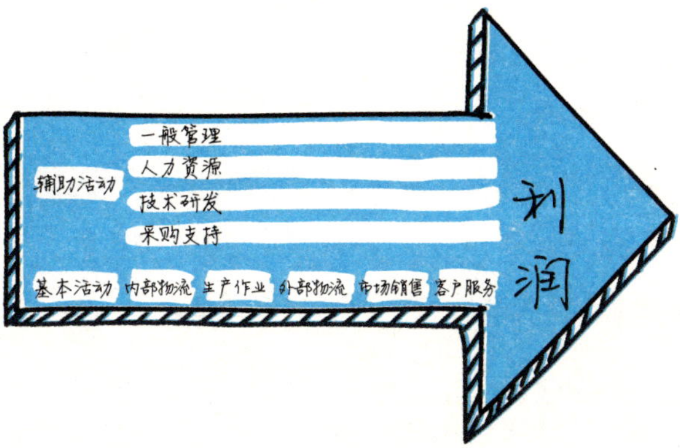

图 2-2　价值链示意图

但是我们在这里并不是要谈企业的竞争力，我们要谈的是与你息息相关的工资。还记得我们开篇所说的工资计算图吗？那是一个悲催的结论。行文至此，我们逐渐透露一点点破解之道。从上图我们可以窥视出如下秘密：

第一，企业的各个部门在一起共同创造了利润，但不同部门的贡献率肯定是不一样的。比如说市场销售，这个部门通常是企业利润的直接贡献者，而这一部门的员工收入，通常也比其他部门的高。所以你若想在本公司内分得更多的薪水，你就可以考虑一下自己公司哪个部门利润贡献较大，看看那里是否有岗位。

第二，如果你觉得自己无法转岗，那还有另外一条路，就是横向比较。同一岗位，在不同的公司，工资标准也是不一样的。这就是市场竞争，看看你自己能在市场上，卖出什么价格。你若想获得高于平均水平的工资，唯一的出路就是你能在这个岗位上，贡献出比别人更多的利润与价值。

第三，羊毛出在羊身上，你能拿多少钱，取决于你能创造多少利润，这就是公司的秘密。公司搭建了一个平台，拥有一套流程，你我在其中各司其职，推动公司机器运转，赚取利润，而你的工资只是你创造利润的一小部分而已。

这样看来问题就简单了，你若想多赚钱，就必须贡献出更多的利润，而你创造的利润来自哪里呢？你可以想出很多种答案，但归根结底无外乎来自你的工作效率，而你的工作效率又来自你的专业程度，专业程度又来自你投入的时间，你投入时间所取得的效果又取决于你聚焦范围的大小，而你所做的这一切就是要把事情做到极致，这样你才能在市场上具备比较优势，才能多分得一杯羹！

这一段我们讲得有一些残酷，但是你必须认清楚这个事实，才知道如何去摆脱我们开篇所提到的悖论。讲两个小故事吧，让我们看看人家是怎么把事情做到极致的。

足球运动员贝克汉姆你一定知道吧？“贝氏弯刀”为他带来了声誉与财富。不过，我从来没有认真想过小贝的弧线球有多么精准、多么专业。每当看到他在球场上踢进任意球的时候，我总是觉得那是幸运，当时那一脚恰好赶在点儿上了。

直到有一天我看到一段视频才大为震惊，视频中小贝穿着白衬衫，米色七分裤，光着脚，在沙滩上喝着饮料。远方的海边处有三个隐约的小点，那是三个汽油桶。同伴给他三个足球，问他能不能把球踢进桶中。

小贝信心满满，他先是把另外两个球踢到一边，短暂的助跑后提起右脚一踢，只见那足球画出一道优美的弧线，直接飞入了那个足有50米开外的汽油桶中。接下来小贝又踢出了两个球，每一个球都像手术刀一样精准，径直落入了海边的汽油桶中，而这时他的同伴，已经在旁边兴奋得尖叫不已。

我们都知道“贝氏弯刀”的威力，但是你想过它是如此精准吗？踢进一个已经不容易了，还能踢进三个，而且是连续的三个，零失误，还是光着脚踢！我真的是被震惊了，这就是把事情做到极致。小贝把弧线球踢到了极致，就凭这一点，他就可以在足坛叱咤风云，就可以拿到远远高于平均水平的薪酬。

再讲一个科比的故事，同样会令你震撼：

> 乔丹退役之后，关于谁是“篮球之神”接班人的话题就一直存续。科比一直被认为是最有力的人选。那么你知道科比与乔丹有多么相像吗？真是不看不知道，一看吓一跳。有细心的网友整理出了乔丹与科比动作的对比视频，在那段视频中，乔丹在场上的任何一个动作，科比都在同样的位置做出过同样的动作。
>
> 要知道这不是训练，而是真枪真刀的比赛。乔丹不是有急停跳投吗？科比也有；乔丹不是有篮下隔人拉杆上篮吗？科比也有；乔丹不是有篮下背身单打后仰跳投吗？科比也有；乔丹不是运球吐舌头吗？科比也有！令人惊讶的是，所有的动作，就好比是一个模子抠出来的一样精准，就连防守队员的狼狈相也是如出一辙。

科比把乔丹视为老师，并且把他学到了极致，再加上自己的天赋，就有了更大的作为。知道科比怎么训练吗？他有自己的魔鬼训练法——6-6-6训练法，每周6天，每天6小时，每次6组。科比凭借这种艰苦的训练，把自己的身体与技术提升到了极致。1999—2002赛季，湖人夺得三连冠期间，科比的体重一直维持在210磅，丝毫不差！

如果你被震撼了，希望你也能如此——做到极致！

5. 建立你的“价值金字塔”

先出个题考考你！

在遥远的原始森林中，有一棵枝繁叶茂的大树，树上住着一个猴子家族。家族里面有一条规定，那就是任何猴子都有权拥有一根枝条，直到它主动离开为止。猴子分为三种：智商 50 以下，50—150 之间，150 以上。想想看，若干年之后，猴子在树上会呈现出怎样的分布状态？

创业之后，我把这个问题带到了企业培训的课堂上，每当我问出这个问题的时候，学员们便纷纷讨论开来，答案千奇百怪，但最多的基本是一致的——猴子的分布状态与它们的智商相同，从低到高分三层排列。

实际上这是个哲理故事，故事中猴子的排列如图 2-3。你可以看到，排在最顶端的不仅是智商最高的猴子，还有智商 50 以下的猴子；而排在中间的都是智商在 50—150 之间的猴子；最底层当然是智商最低的猴子，但也有些智商中等的猴子。为什么会是这样呢？因为智商最高的猴子，可以一眼就看出枝条与枝条之间的差异，甚至在枝条萌芽的初期就能发现最有潜力的枝条，于是它们早早抢占了先机；而智商在 50 以下的猴子，它们只要出生的时候拥有一根枝条，就抱住不放，有些运气好的自然也就跟着水涨船高了；最可悲的是智商中等的猴子，既不安分，又不足够聪明，于是它们就总是在不停地跳

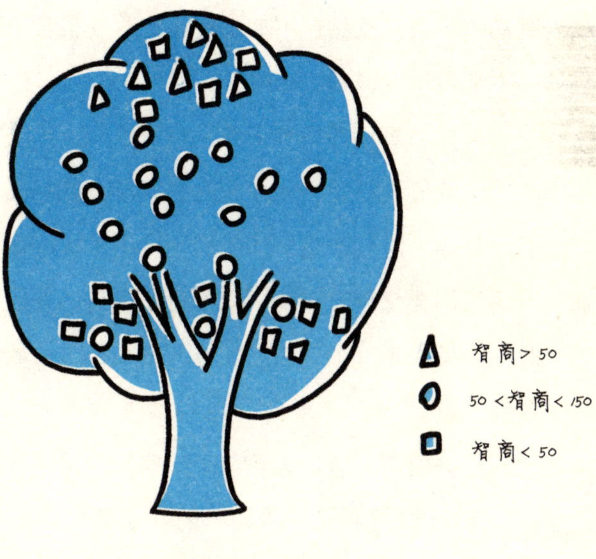

图 2–3　猴子的成就分布

来跳去，可惜总也没能跳到最高层，甚至有一些混得还不如弱智的猴子。

从这则故事中你可以看出什么呢？每个人都有自己的答案，这里我想告诉你的不是“跳槽有风险，行动要谨慎”。如果我们思考得更深入一些，可以发现一个有趣的现象，那就是——不是只有天才可以成功，但普通人都有类似的失败。

想想看，我们身边有多少这样的“普通人”啊，他们看起来方方面面都不错，但没有什么突出的地方，在职场中“上不去，下不来”，处境非常尴尬。为何普通人会有类似的失败呢？因为他们用力很平均，所以导致了自己的平庸。想想那些频繁跳动的猴子，竟然还不如一些死抱着一根枝条不放的弱智猴子，不觉得很有讽刺意味吗？

前文说到，事情要做到极致，只有这样，你才能在社会交换中，处于价值链的顶端，你才能在职场上取得属于自己的成就，道理与猴子的故事是一样的。不得不承认，你我大都是普通人，而我们要想取得成功，就不得不把自己有限的精力、智力、时间，投入到一个聚焦点上，并成为这一领域的专家，这才是取胜之道。

让我们来看下“普通人”与“专家”知识结构的差异。如图 2-4，你可以看到，“普通人”的知识结构是一个表面微凸的矩形，类似一个坡度很小的山包。普通人貌似在很多方面都知道一些，但什么也不精专；而“专家”的知识结构是一个金字塔形，他可能知道的面没有你广，但是在某一领域的深度与高度是你所不能企及的，于是他就可以凭借这一点吃遍天下。

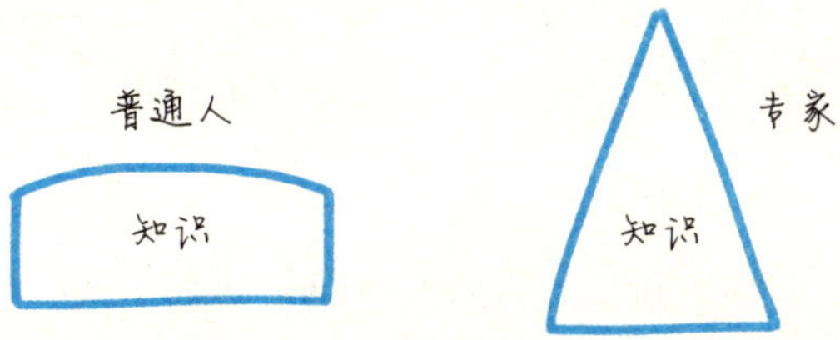

图 2–4　普通人与专家的知识结构差异

同理，在职场中，若想取得成功，你就必须建立自己的“价值金字塔”，它可以是你的专业知识，也可以是专业技能，还可以是独有的人脉资源，总之你必须建立属于自己的核心竞争力，你必须在某一点上远远高于其他人，只有这样，你才能有自己的立身之本。

6. 破解财务悖论的算账方式

还记得序章中那个悖论吧，你拼死拼活 20 年，还欠 88 万元！这是一个我们都不愿面对的残酷事实，但是有无破解之法呢?

其实在上面的计算方法中，内设了一个假定，就是你的工资增幅是恒定的，每年按照 10% 计算。也许有人对这个增幅很满意，觉得工资能增加就不错了，但是事实并不完全如此，完全存在提高这一比例的可能。

不信我们来看一下如下的计算方式。如图 2-5，你可以看到起薪仍然是 3000 元 / 月，但是 20 年的工资总计却是 409 万元，比第一章的计算结果几乎翻了一倍。如果算两个人的再乘以 2，那就是 818 万元，这样比 500 万元的生活成本就多了 318 万元。怎么样，是不是顿时觉得轻松了一些?

这其中的秘密在哪里呢? 从图中你可以看到，秘密在工资的增幅上，工资增幅有三次是 50%，分别在每次工作的 5 年后，我们可以把这次加薪理解为升职或者跳槽所致。总之，在

工作年数	年薪（万元）	涨幅
1	3.6	10%
2	4.0	
3	4.4	
4	4.8	
5	5.3	
6	7.9	50%
7	8.7	
8	9.6	
9	10.5	
10	11.6	
11	17.4	50%
12	19.1	
13	21.0	
14	23.1	
15	25.4	
16	38.1	50%
17	41.9	
18	46.1	
19	50.8	
20	55.8	
总计	409.0	

图 2–5　大幅加薪后 20 年收入总计

你的职业生涯中，只要有这三次大幅度的加薪，你的人生将大不一样！

通常来说，大部分人都不会在一家公司工作一辈子，一个人的职业生涯总要跳槽三五次，但你能保证自己的每次跳槽都是“芝麻开花节节高”吗？按照猎头的标准，每次跳槽工资增幅通常在30%～50%，更高的有达到100%的，所以这种计算方式不是梦，而是完全可以实现的。关键是人家凭什么给你这么多钱呢？其实答案我们前文已经说了，羊毛出在羊身上，必须是你贡献的利润远远大于你的工资增幅才可以。

讲一个身边的故事吧：

> 当年我在微软MSN的时候，公司招了一个市场部经理。就是这个哥们儿，在5年内连续三级跳，由市场经理到市场总监，最后直接升至市场部VP，进入公司的核心领导层。
>
> 在四平八稳的外企，这是我见到过的最快的升职案例。他究竟有什么过人之处呢？这哥们儿刚到公司一个月，就自编自导，邀请众多明星，给公司的Messenger产品做了一系列形象策划。虽然这个市场活动花了很多钱，但是收到了显著的市场效果。相信现在很多人还记得俞灏明、黄渤、闫妮等人主演的MSN广告吧，那就是他的手笔。

为什么他可以在短期内平步青云呢？答案很简单，因为他很专业，他在市场策划领域已经建立起了自己的“价值金字塔”，所以他才能在短短一个月之内，推出如此有影响力的作品。后来我才知道，这不是一朝一夕得来的，此人曾经在惠普做了10年的市场营销工作，这就是“聚焦”与“投入”的魅力！

然而可悲的是，我们见过很多跳槽的朋友，根本不懂得其中的逻辑，每次跳槽几乎都是在平移，这根本无法实现理想的加薪幅度。跳槽是一个人职业生涯中难得的机会窗口，请一定要仔细把握，不可浪费了时机！我们的每一跳，都是在为打造自身的“金字塔”而努力，如果不能实现这一点，不如不跳！

7. 一年薪水翻 5 倍

如果你觉得前文中所讲的故事是一个“职场精英”的跳槽案例，对“职场菜鸟”来说可能觉得不够感同身受，咱们再讲一个真实版的“屌丝逆袭”的故事。

我有一个弟弟，在一个三线城市，读了一所不入流的大学，学的是计算机专业。前年“十一”期间，他只身来到北京想找一份工作，请我帮忙出主意。他喜欢篮球、音乐。大学期间做过乐队主唱，兼职做过电脑销售、服装销售、餐馆服务员、快递员，等等。想做什么没想清楚，但倾向于找一份文职的工作，觉得这样可以坐在办公室里，比较稳定。

通常来说我们做职业规划咨询，是不给解决方案的，但是对于这个迫不及待的弟弟，我直接出手了。我给出的建议是，做销售吧，其他都不要考虑了。我的理由是，一个三线城市三流大学的学生，在北京根本没有竞争力，你无法从事本专业的工作；做文员的工作不适合你的性格，你会憋屈死；音乐、篮球等爱好都离不开与人打交道，符合你外向型的性格，你又做过兼职的销售，有一定经验，这就是最适合你的工作！经过一段时间的求职，他最终谋得一份团购网站销售的职务。

转眼一年过去了，又是在"十一"长假见到他，我发现这孩子这时候已经有了很大的变化。名片上的 Title 居然已经是销售经理了，而且当时他手下已经管理了 10 个新人，开始带团队了。

他是如何做到这一点的，实在令我觉得惊诧。他说："我就是想一定不能被开除了！"我知道这个弟弟的心声，他从一个小城市来，抱着扎根北京的希望，所以他把这份工作看得很重要。

这让我想起了一个情景。一天我们全家邀请他去吃饭，大家坐在出租车中有说有笑的。弟弟坐在后排靠窗的位置，望着外面出神，窗外正下着雨，霓虹灯映在车里，在他脸上投下一道道光影，忽明忽暗…… 我觉得他可能有什么心事，也没去打扰。

后来无意中发现了一个本子，上面密密麻麻地写满了饭店的名称与电话，旁边还有一些备注等等，我这才意识到那些饭店都是我们那次吃饭路过的，他是在观察哪一家比较火爆，然后上班后就去联系业务……

我突然明白他是怎样做到的了，一年内工资从 2000 元翻倍到 10000 元；从一个初出茅庐的小伙子，到一个带领 10 人团队的业务经理，这些都是他一个个电话打出来的，都是一步步跑出来的。他就是凭借自己的勤奋，建立了自己的“金字塔”，在这个“金字塔”中，他获得了庞大的客户群，历练出了高超的销售技巧，当然也经历了常人难以忍受的白眼与冷漠……但这些都汇聚成了他自己的核心竞争力，这就是他升职加薪的密码。

这是一个普通得不能再普通的故事，他的故事在你身上同样也可能发生。我的这个弟弟没有什么过人之处，只是肯吃苦，抓到一个机会，就要拼命做好，这样他也就建立了自己的核心竞争力。他在北京有了安身立命之地，虽然他的理由很简单——“不想被开除！”

虽然一年薪水翻 5 倍在职场上绝对是个奇迹，但是你一定可以从中看出些道理。我们要破解“职场悖论”还是有希望、有办法的；而这个办法之一就是把事情做到极致，建立起属于自己的“价值金字塔”。至于这个金字塔如何建立，因人而异，附文我们会介绍详细的方法。

8. 猜猜哪个同学成了千万富翁?

还记得开篇所说的毕业照吗? 是时候让我们面对这个话题了。眼下我已经大学毕业十年了，我们正在筹备毕业十周年的大聚，看着当年青涩的照片，不免感慨万千。

我一直觉得班里的同学素质都不错，学习也很努力，毕业吃散伙饭的时候，大家狂野地展望着自己的未来，似乎我们过不了多久，都会出人头地。然而现实总是很残酷，十年过去了，虽然有些人小有成就，但班级里没有特别突出的同学，好似大家生活得都差不多，日子平平淡淡地继续，每天都是上班，下班，周而复始……

然而，当我翻开初中毕业的影集时，却是另外一番景象了。2012 年我在北师大做那场“毕业十年，你在哪里？”的讲座时，我在 PPT 上贴出了一张照片，我告诉大家，这里面有一个人变成了千万富翁，让他们猜猜是谁。大家在上面指指点点，但是总也没有猜中。因为那个人太普通了，长相一般，个子也不高，还站在最后一排。

想来觉得感慨，我们大学同学这帮“文化人”，怎么就没有混过一个在城乡结合部小镇出生的，只有初中文化水平的“农民企业家”呢？当我还在公司里打工的时候，偶尔会觉得不平，但当我自己创业之后，当我发现这个“价值金字塔”的秘密之后，便不觉得奇怪了。

我的这位同学，我们叫他“石头”，原本家里就经营着一个小企业，只是很小而已。石头初中毕业后，就跟着父亲在企业里面做。然而天有不测风云，一天他开车与父亲去办事，途中父亲说头晕，石头便赶紧开到医院，可是到了医院，父亲已经不行了。后经诊断，是急性脑溢血死亡。

家里的台柱子倒了，所有的重担一下子压在了石头身上。好在石头有一帮好哥们儿，这些都是上学期间跟着他的兄弟。石头为人仗义，这些兄弟也愿意跟着他。于是哥儿几个起早贪黑，从一个很小的企业做起，几年之后竟做成了当地最大的种子批发商。

而石头也因此成了远近闻名的农民企业家，与他初中追求的女友结婚，生了一男一女两个孩子，生活过得让人艳羡。

这就是石头的故事，其实没有什么特别的，他们做的生意也很简单，就是委托当地农民生产指定品种的水稻，然后回收之后作为种子出售。一斤水稻的收购价格通常在 1.8 元 / 斤左右，但种子的价格却可以达到 4 元 / 斤，利润可想而知。

如果我们用“价值金字塔”原理来解释一下他的生意，你会发现他的商业模式很简单，正因为简单才容易操作。而我这位同学从初中毕业开始，已经整整做了 17 年，这么长时间里，他把所有的精力、智慧，都用来研究怎样把这个简单的生意做好，你说他能不做到“极致”吗？你大学毕业才 10 年，一般人还跳槽几次，每个工作都蜻蜓点水，你还奢望和人家比吗？

做事情真的不在于学历高低，要把任何事情做到极致，建立自己的“价值金字塔”，建立自己的竞争壁垒，没有绝对时间的投入是不行的，结合那个著名的“一万小时定律”①，想想怎么用在自己身上吧！

---

① 作家葛拉威尔在《异数》一书中指出：“人们眼中的天才之所以卓越非凡，并非天资超人一等，而是付出了持续不断的努力。只要经过一万小时的锤炼，任何人都能从平凡变成超凡。”他将此称为“一万小时定律”。要成为某个领域的专家，需要一万小时，按比例计算就是：如果每天工作四个小时，一周工作五天，那么成为一个领域的专家至少需要十年。

练一练

如何建立你的“价值金字塔”

建立“价值金字塔”，其实就是建立你自己的核心竞争力，以便让你在社会竞争中处于比较优势的地位。这其实是有章可循的，让我们先举一个例子。

比如，我的一个身份是职场书作家，那我如何建立自己的“价值金字塔”呢?

如图 2-6，我绘出了四层金字塔。要想成为一名优秀的职场作家，首先要具备出色的写作能力，否则你写的东西别人读不下去，这是最起码的要求；其次你还必须对职场有深刻的认知，你的观点必须能给人以启发，必须能让人有所收益；再有你还要懂得如何营销，如何配合出版商把图书卖出去；最顶级的是对读者心理的精准把握，要能写到他们心坎里去。

界定了这个金字塔模型之后，就可以做出更详细的计划，从而来历练自己各方面的能力了。比如为了锻炼写作能力，可以每天写日记，还可以专门研究优秀的名著，以锻炼自己的笔力；为了提高自己的职场认知，我学习了专业的职业规划知识，并成为一名职业规划师；同时我在微软 MSN《职场人生》节目中，访谈了无数职场名人，积累了丰富的职场经验；为了培养营销意识，我专门向微博“营销教父”杜子建学习了整套的营销思想与操作方案；为了掌握读者心理，我在写作之前特意进行了问卷调查，并且召开了座谈会，深刻掌握了目前职场人的痛点与需求点。

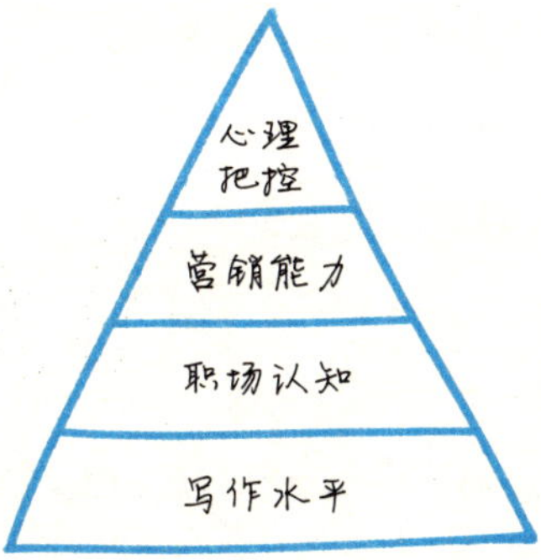

图 2–6　职场作家的价值金字塔

建立“价值金字塔”的五步心法

以上以老可为例，介绍了建立“价值金字塔”的实例，你可以结合自己的工作情况，思考如何建立自己的“价值金字塔”。下面我将详细介绍一下建立“价值金字塔”的五步心法。

1. 工作分析

我们所说的建立“价值金字塔”，一定要立足于自身，又针对工作。无论谁与你谈职业规划，如果只是一味鼓励你认识自己，忽视了认识工作，那一定是虚无缥缈、无法落地的鬼话。

前文我们介绍了自我认知的四步法，介绍了职业定位的ATM模型，进行完这两步之后，其实你就可以圈出一些意向工作列表了。选择你最倾向的一份工作，然后开始搜集资料，研究这个工作。研究的方法有很多，你可以在网上收集资料，也可以像我们前文提到的做职业访谈，总之一定要吃透这份工作。

至少你要了解到：这份工作包含哪些内容，从事这份工作的人每天的日程表是什么样子的，从事这份工作的人都是什么性格，这个行业的前景如何，行业内的前三家公司是谁，这些公司有怎样的表现……如果是上市公司，那还需要研读它的年报，看看它们近期业绩如何，分析人士有何评价，它们的创始人与CEO的背景、履历，它们近期有无招聘计划，等等。

总之，第一步一定要做到尽可能地了解这份工作。

2. 内观自省

在研究这份工作的时候，你特别要注意一下这一行业中的普通从业者的状态，也就是最接近于你的那个从业者的状态，他们每天的日程表，他们是什么样的人，有什么兴趣爱好，是什么脾气秉性，成就感来自哪里，工作中有什么烦恼、有哪些压力，等等。

我们在选定行业之前，已经做过ATM职业定位，大体的方向是错不了的，但是不排除细微的地方，无法满足你内心的需求。在全面了解工作之后，你要再做一次内观自省，判断一下自己是否真的要投身于这个行业。

必要的时候，你也可以像老可一样，亲自去体会一下自己身在这个角色上的感受，是否是自己真正想要的。如果觉得与自己内心的期待有所差异，那就需要退回第一步，重新选择一个行业，再继续尝试；如果觉得就是自己想要的，那就准备好进行下一步吧！

3. 界定层级

继续分析这份工作，但这一步的重点已经没有那么宏观，我们要把视角锁定在具体的人身上，而且是这个行业的牛人。研究一下谁是这个行业中的牛人，他们是怎么做到这一点的，他们身上具备哪些能力，把总结出来的要点填写在下表左侧的第一列。注意，这里的总结一定要落实到能力上。因为素质是内在的，而能力是外化的，是你可以学习的。

然后分析一下自己的特质，你具备哪些优点呢？你的核心竞争力是什么？把你的核心能力，写在下表的中间一列。

最后看看两者是否有重叠的部分，把它们填写在第三列。而这第三列的内容，就是你从事这一行业的核心竞争力。这里特别要注意一点，就是你的能力排序与行业牛人的可能不一样，这没有关系，因为如果你在IT业，你不可能复制一个乔布斯；但一定要注意，在共同点这一列，根据自己的特质重新做一次排序。只有这样，这个“价值金字塔”才是你自己的。

行业牛人的能力	我的核心能力	重叠部分	共同点(重新排序)
1	1	1	
2	2	2	
3	3	3	
4	4	4	
5	5	5	
6	6	6	
7	7	7	

4. 制订计划

把自己重新排序的关键词，依次填写在下图的金字塔中，并在右侧的横线上列出自己为了发展这些能力，需要做哪些努力，并填上自己的计划。

5. 做到极致

做到极致，是我们这本书的一个核心观点。为了让你的计划具备可操作性，请完善一下下表。与上面的金字塔相比，下表增加了验收标准、完成时间、完成状态三项，就是要逼你去把计划落实下去，而且要严格执行。

这是建立“价值金字塔”最重要的一步，这就好比是学武功，如果你不能练就一身绝学，你在哪里都是“万金油”，没有核心价值。所以该逼迫自己的时候，一定要够狠。你一定要练就一技之长，只有这样你才能在职场立足，才能在竞争中具有比较优势，才能赚取更多的回报。

很多年轻人都在新东方学习过，俞敏洪那个校训——从绝望中寻找希望，人生终将辉煌！说的是一个道理，学英语，你若是不学到先让自己绝望，再让别人绝望的份儿上，你就练不出来。中国学英语的人那么多，怎么能显出你来呢？在职场上，也是一个道理。

话不多说，填写完下表，自己找个没人的地方练习去吧。古话说得好，不吃苦中苦，难为人上人。道理谁都明白，就看你能否做得到了！

计划内容	验收标准	完成时间	完成状态

第三章

产品化生存，把自己打造成顶尖产品

专注：我们讲了“钉子法则”；极致：我们讲了“价值金字塔”原理；口碑：我们讲的是标签与营销漏斗；快：我们讲的是迭代开发。有没有发现，工作真的和做产品的道理是一致的。

1. 你是运营自己的产品经理

在职场竞争中，你如何看待自己，又如何看待你的对手？这是一个有意思的话题，不同的视角可能带来不同的结果。本章提供一种视角，可能给你带来一种思考，那就是把职场上的人看成产品，而把自己看成运营自己的产品经理，我们把这种思维方式称为产品化生存。

如果我们把自己想象成一部手机，在品牌众多、价格各异的手机市场中，我们如何才能脱颖而出呢？这其实与人生很是相像，我们一出生市场就貌似要饱和了；等我们毕业工作了，各色人等都要与我们来竞争，那架势恐怕不比手机市场轻松。

如果我们能这样想，那真有了一点“跳出灵魂看自己”的味道，其实这种说法有点类似心理学中的“元认知”的概念。什么是“元认知”？让我们来看一个小故事：

“元认知”就是对认知的认知。简单说，“元认知”就像你头上的一盏灯，可以清楚地知道你当下的所思所想。试想这样一个场景，你刚刚被领导批评了一顿，回到座位上闷闷不乐。你当下的认知就是你对事情的感受，你可能在想我哪里做错了呢，为什么领导会批评我呢，我真的好委屈呀。而你头上的那盏灯，也就是你的“元认知”，它清楚地知道你此刻郁闷了，它察觉了你所有的心思，所有的心理活动过程，它仿佛在远远地看着“自己”——哎呀，这个孩子不高兴了，他在回味自己受到批评的原因，他觉得委屈了……你可以像《盗梦空间》一样，跳出好多层来看自己。

那盏灯就是“元认知”。你感受一下，自己是不是偶尔也有这种状态，那一刻你仿佛出奇地清醒，你能清楚地察觉自己当下的状态，你知道自己在想什么，甚至可以控制自己朝某个方向去想……那种感觉奇妙极了。

电视剧《西游记》中的开篇镜头你还记得吗？在一个狂风四作、电闪雷鸣的时刻，海边的一座石猴突然崩裂，腾空跃起，天庭震动，玉帝大惊：“下界是何声响？”太上老君、托塔李天王等一概不知，玉帝让千里眼、顺风耳去打探。那千里眼在天庭之上，远观下界，看到一个猴子在海边嬉戏，回道：“陛下，臣等奉旨观听，原来山峰崩裂化出一石猴，为此响彻天宇。”

可曾想过冥冥之中，是否也有人在观察“下界”的命运呢？我总会有这种想法，仿佛自己化身世外，观测着这“芸芸众生”，体验着那“天下熙熙，皆为利来；天下攘攘，皆为利往”的感觉。

你可能有时也会有这种感觉，如果我们尝试着“跳出灵魂看自己”，尝试着用这种元认知的方式看待一下自己的生活，你会发现我们与动物似乎也没有什么差别，都是为了生存在奔波，我们工作是为了吃饭，人家捕猎也是为了吃饭；我们与那些店中的产品也没有什么差别，人类制造了这些产品，为了卖个好价钱；我们同样是“产品”，在职场这个大货架上，想求得一个更好的展示位置，卖个更好的价钱……

但我们仅仅把自己看成产品是不够的，毕竟人是活的，我们是有思想的。我们既是产品，又是运营自己这个产品的产品经理。我们不光要负责产品的定位、设计等环节，确保产品的品质，还必须考虑产品的营销、推广等运营环节，让自己这个产品在市场中成为“紧俏商品”。

跳出灵魂看自己，其实你就是运营自己的产品经理。

2. 让自己成为止痛的“灵丹妙药”

我们接下来要谈的虽然都与产品相关，但核心都是帮助你如何更好地来经营自己。先提个问题，你有没有被烫伤的经历，你知道什么方式治疗烫伤最有效吗?

> 从小到大我被烫了无数次，最严重的一次是被点燃的塑料淋在了手上，你可以想象一下塑料熔化成液体，再粘在手上的感觉。没错，真的很痛，而且甩也甩不掉！但是我每次都有自己的妙方，那就是抹牙膏！很小的时候，我就发现了牙膏的妙用，清清凉凉的，对缓解疼痛、治疗烫伤绝对有效！只要每次被烫，涂上牙膏，第二天便不会长水泡。于是牙膏成了我治疗烫伤的秘密武器。

每当烫伤的时候，我都会很痛，我有一种迫切的需求去缓解这个疼痛，怎么办呢？有什么产品可以满足我这个需求呢？

那就是牙膏，为什么在我的头脑中建立了如此强烈的联系？为什么我的第一反应是“牙膏 = 不疼”呢？原因也很简单，那是我的经验，它曾经治愈过我！

如果你是一个互联网人，或者关注科技产品，你一定听到过周鸿祎关于如何做一个产品经理的论述。其中一个核心观点就是，一个好的产品，必须能解决一个问题，而这个问题越是用户的一个痛点就越好。下面是他的一段话，颇具启发性。

> 360 第一版功能极其简陋，跟其他任何杀毒软件都没有办法比，功能也极其简单，能力也很薄弱，但是当时能够火起来，不是做得有多好，而是当时有一个巨大的市场需求。2006 年流氓软件祸害中国，几乎 99% 的互联网公司，无论大小，无论中外，都集体在做流氓软件，而且没有人管这个事情，所以它能杀流氓软件，就能够解决用户的“痛”。我认为最好的产品是能解决用户的“痛”的产品，这个“痛”越大，这个产品就越受到用户欢迎；受到用户欢迎，就有用户；有用户，就能成长，就有机会去改善、去进步。

用户的需求有很多，但那些让他们感到痛的需求，往往是最迫切的需求，是强需求，也往往是最容易商业化的需求。

想想看，如果把你自己比作一个产品的话，你能解决一个什么用户需求呢?

你可能要首先考虑谁是你的用户，在职场上，他们一定是你的雇主。那他们对你有什么需求，有哪些又是他们感到疼痛的迫切需求呢? 你能解决他们这些需求吗? 是只有你才能解决他们这些需求，还是别人也可以解决? 那相互比较之下，你有什么优点呢?

如果我们把企业的需求比作那个“烫伤”，你是他们眼中的灵丹妙药——“牙膏”吗? 他们一想到这个“痛点”，头脑中的第一反应就是你吗? 如果你真的能做到这一点，那你还愁找不到工作吗? 还愁薪水不够高吗? 恐怕那个时候，只有他们眼巴巴求你的份儿了！

3. 核心功能必须做到极致

中国互联网圈，有两个从产品经理起家的大佬，他们就是腾讯的马化腾与360的周鸿祎。两人虽然曾经爆发过“3Q大战”，但这丝毫不影响他们对什么是好产品的专业判断，在两人的不同论述中，都可以看到他们反复要求团队把产品的核心功能做到极致。

下面这段摘自马化腾在“产品设计与用户体验”的内部讲座，从中你可以看到他是怎么要求核心功能的。

> 核心功能要做到极致。要多想如何通过技术实现差异化，让人家做不到，或通过一年半载才能追上。很多用户评论QQ时说，用QQ唯一的理由是传文件快，有群。那这就是我们的优势，我们要将这样的优势发挥到极致。比如离线传文件，以邮件方式体现就是一个中转站，即使是超大的文件也不困难，关键是要去做。虽然真正使用的用户并不一定多，但用户会说，我要传大文件，找了半天找不到可以传的地方，万般无奈之下用了QQ-mail，居然行了，于是我们的口碑就来了。

看过了“小马哥”，再来看看周鸿祎。相对于“小马哥”，周鸿祎的讲话要有趣一些，但他对核心功能的要求似乎也到了苛刻的程度。

> 我的公司内部一个创新大赛里面，有一组产品用户体验部门提的方案，我点评说做了四个功能，我说有一个功能能够打动用户已经很不简单了，把这个功能想办法做到极致，不是说一个功能觉得不够，再做五六个功能，手机没有五六个图标都觉得不好意思拿出去。用户选择你的产品，经常为一个理由特别简单、一个理由足够去选择……如何在众多功能中找到一个点作为突破点，再大的一个市场也需要一个针尖一样的点做切入，所有成功的产品都要找到一个点，通过聚焦，把有限的资源聚焦到一个点上，才能形成压强。而有的时候你觉得找了几个点，当跟用户说有五大功能、六个体系的时候，你觉得你能够记住，你作为老板也可以要求公司员工学习记住，以至于变成顺口溜，但是对于用户来说真的记得住吗？

看到了吧，两个曾经针锋相对的老板其实对产品有着高度的共识——产品的核心功能必须做到极致。从周鸿祎的论述中，我们还可以发现他认为一个产品能有一个核心功能就不错了。

一个产品必须能解决一个问题，这个问题是来自用户的强需求。用户这个需求得不到满足的时候，他们会觉得很痛苦；而你的产品能针对这个需求做到极致，就是成功。

想想自己用过的互联网产品吧，基本上都可以用一句话来概括它们的功能。你为什么上新浪？看新闻；你为什么上网易？用邮箱；你为什么上百度？找答案；你为什么用 360？杀毒；你为什么上优酷？看视频；你为什么上微信？朋友圈；你为什么上 QQ？聊天；你为什么上 Apple Store？玩游戏；你为什么上大众点评？找饭店；你为什么上淘宝？买东西！

简单吗？不总结还真不知道世界居然如此简单，居然都能用两三个字来概括它们的核心功能，更别说用一句话描述了。能用最简单的语言回答你的这个产品是做什么的，往往是个好产品，这也暗合了前文的“聚焦”理论。

之所以讲产品，最后的诉求还是要讲人。想想看，把你自己看成一个产品，你的核心功能是什么呢？你能满足用户的核心诉求是什么呢？你能不能把自己的这个核心功能打造到极致的水平呢？

讲个故事你可能会感受得更深刻一些。我有一位法律专业的朋友，她读书时的导师很年轻，但是在学界已经很有建树了。众弟子请教老师是如何做到的，这位年轻的导师给他们讲，他在做硕士论文的时候发现了一个空白，中国法律在这方面居然没有成型的研究，这是一个很偏的方向，但是他毅然选择了这个冷门的方向扎了下去。

几年之后，这个青年学者逐渐有了一些积累，发表了一些论文。这一领域本来就没有人研究，所以他很自然地开始崭露头角。随着积累日丰，他开始著书立说，不断地沿着这个方向投入，以至于后来全国关于法律这方面的课程，全都采用他所写的书作为教材。十年过去了，他已经成为这一领域的教父级人物。

这个故事很简单，但是能给职场上的很多朋友以启发。首先，冷门并不见得不好，中国的市场足够大，如果你能在冷门上做出彩，还会降低你成功的阻力；其次，你必须在选定的方向上持续投入，不断打磨自己的核心优势，就像上文中的老师，十几年的积累，使他在相关方面的研究，已经建立了足够的竞争壁垒，人家已经把这个领域研究透了，后来者连写论文都是引用人家的材料，还怎么和人家竞争呢？

这位老师选择了一个很小的切口，但是把它做到了极致。他就凭借这一招制敌的本事，生活得很好，每年有寒暑两个悠长的假期，加之自己在学界的泰斗地位，名利双收。这样的生活，与我们前文所描述的“夏威夷海滩”的悠闲自得颇为相似吧，你羡慕吗？

4. 懂点“迭代开发”，实现目标有条不紊

要把事情做到极致，必须学点迭代开发的知识，这是工程师们绞尽脑汁沉淀下来的智慧结晶，用在人生经营之中，你将获益匪浅。

什么是迭代开发？先不要管这个概念。你肯定有过这样的经历，自己有个大计划，在开始之前，思前想后一定要把它计划得很周详，然后再开始行动。这就好像游戏中的憋大招，前面挨多少打都无所谓了，就等着看准机会，一招制敌。

然而现实总是事与愿违，无论你开始的时候计划得多好，在执行的过程中总会出现这样那样的偏差，而且往往很多情况是你意想不到的，然后你可能顺着当时出现的岔路一路下来，不知道自己走到了哪里……

在产品开发的时候，也是一样。无论最开始的产品描述你写得多清楚，Project 中的时间点设置得多精确，在开发的进程中，总会出现这样那样的问题。工程师们对这种情况早就习以为常了，于是人家发明了一个叫“迭代开发”的概念，每个

项目都被分成了一系列较小的项目（称为迭代），后一个迭代基于前一个迭代的结果进行构建，循序渐进地实现宏观项目目标。迭代开发有很多优点，比如可以降低风险，得到早期用户反馈，持续的测试和集成，等等。

通俗一点讲，比如你在暗恋心中的那个TA，那么你如何才能实现与TA结婚的目标呢？这可是一个大项目，一开始可能无从下手，眼看着梦中情人就是不知如何行动。这个时候，迭代开发的概念或许能帮助到你。

第一步，先了解一下TA目前的状况，有没有异性朋友，甚至你还需要了解下TA的性取向。如果确认TA目前正处于单身阶段，并且也有寻找异性朋友的计划，那你可以继续了。

第二步，了解下TA的兴趣爱好、世界观、人生观等，初步预判你与对方能否谈得来。

第三步，接近对方，无论你采取何种方式，熟人介绍也好，生硬搭讪也好，英雄救美也好，总之你想办法让对方认识你，走入TA的世界，让TA的人生从此与你发生关联。

第四步，与之相处，营造浪漫，让一切自然而然地发生，这方面就不需要教了，总之就是在你们熟识之后，要把你们的关系逐渐引导到恋人的方向上来。

第五步，择机表白。如果被扇耳光了，请退回第四步。

第六步，喜结良缘。

迭代开发是一个长途跋涉的过程，但是它的每一步都只有一个聚焦点，当这个聚焦点没有完成的时候，绝不进行下一个。很多人恋爱时都是很苦恼的，对方的态度总是捉摸不透，那是你没有聚焦当下的缘故。采用迭代开发的方法，每次只要攻克一个难题就够了，在这个问题没有解决之前，绝不碰下一个。这样你的注意力会集中很多，焦虑感也会大幅降低，而你的幸福感则会大大加强。

迭代开发还有另外一层意思，那就是要不断地优化产品。每开发一个版本，都是对上一个版本的优化，都比前一个版本进步了很多，这一点非常重要。俗话说，“不积跬步，无以至千里；不积小流，无以成江海”，这个道理在职场上也同样适用。回顾一下电影《少年派的奇幻漂流》吧，里面的情景同样适用于职场……

少年派为了躲避老虎，自制了一个独立于救生船的“水上漂”。刚开始的时候，他和老虎都在船上，后来为了躲避老虎，自己弄了个木筏。最开始的时候是多么简陋啊，只有一个救生圈，后来派一点点进行改善。

当他度过了大风大浪之后，一个镜头让我震惊了。他那个小木筏已经变成了一个“水上凉棚”，上面不光储藏了很多食品以及报警装置，居然还有个遮阳伞，上面还晒着鱼干！这简直就是一个惬意的度假观景台啊！

在职场上，我看过很多类似的镜头。有的人总是抱怨开始的情况太糟了，但是那些真正厉害的人并不在意这些。无论他们从哪里起步，最后总能越做越好。工作，就好比鸟儿搭窝，最开始周围怎么阴冷潮湿都无所谓，有的鸟儿总会把窝越垒越大、越垒越舒适。这就是“垒窝”的能力！这就是迭代开发的威力！

有时候我们无法选择开始的境地，但牛人却可以做出不同，而且越来越风生水起，让别人羡慕！是为迭代开发，这个本事你一定要学会。

5. 给自己贴上明确的标签

产品做到极致之后，我们还必须让外界知道，并且记得我们。这往往就涉及营销的知识了。就好比一个产品，你要有个品牌的名称，并且要有明确的标签，让客户一眼就能识别出你是做什么的，你的核心优势在哪里。

以手机为例。提个问题，如果让你说出三个智能手机的品牌，你会说出哪些？我曾在小范围内做过一个测试，被提及最多的是：苹果、三星、小米。一个有意思的现象是，真实的市场份额并不是这个顺序，根据市场研究公司 Strategy Analytics 的统计，2013 年第二季度三星在全球智能手机中的市场份额是 33.1%，而苹果只有 13.6%。而根据本土的数据，小米占 5%，苹果占 4.8%，小米甚至已经超越了苹果在华的市场份额。

即便如此，人们心中对它们的位置却不一样。在很多人的潜意识中，苹果依然是智能手机的霸主，因为“苹果重新发明了手机”，这不仅仅是因为乔布斯的个人魅力，而很大程度上是苹果确实颠覆了人们对手机的认知。

2007 年举办的那场划时代的产品发布会上，乔布斯先是语气低沉、意味深长地说：“这是我期待了两年半的一天。”这样一说，一下子就把观众的胃口吊得很高，接下来乔布斯展示了苹果的创新历史，通过对 Mac、iPod 的展示，他把苹果塑造成了一个时尚前卫的产业颠覆者的形象。

然后乔布斯话锋一转，说今天苹果要发布三个革命性的产品，一个宽触屏 iPod、一个革命性手机，一款突破性的互联网浏览器。然后大屏幕上的三个图标不停旋转，乔布斯有节奏地重复着，iPod、手机、浏览器，iPod、手机、浏览器……现场的气氛也在他的语调中升温，乔布斯接着问：“你们明白了吗？它们不是单独的三个，而是一个！”说到这里，乔布斯用他低沉的嗓音，掷地有声地点出当天的主题——“今天，苹果将重新发明手机！”

接下来乔布斯展示了他犀利的攻势，他把市面上所有的智能手机都痛批了一番，并统统给扣上了帽子——它们要么不智能，要么不易用。为了直观起见，乔布斯还画了一个十字坐标图（图 3-1），按照智能与易用两个维度分为横纵坐标。在这幅图上，市面上所有的手机都被放到了左下角的位置（不智能、不易用）。然后他骄傲地说，苹果要做出“跳跃式的变革”，并把 iPhone 标注在了最右上角，那就是最智能、最易用的手机！

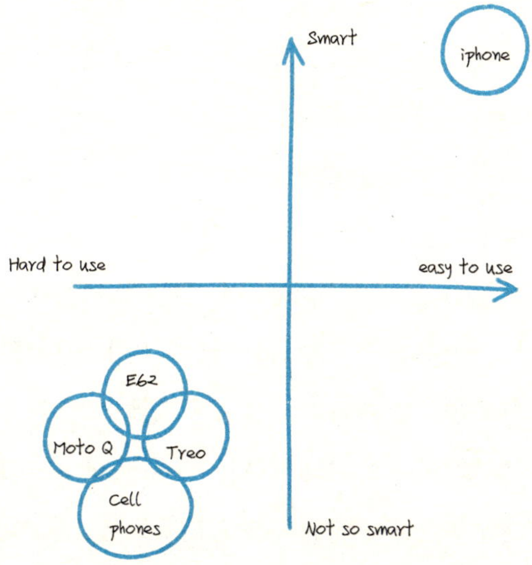

图 3–1　乔布斯的产品分析

我永远也不会忘记乔布斯在那个十字坐标中，标注出 iPhone 时的语气与表情。你知道那“右上角”的位置意味着什么吗？那是乔布斯执意追求划时代产品的勇气，那是追求极致的信念，那是让你抛弃其他产品的原因——从那一刻开始，苹果让你觉得，其他手机都是垃圾！

苹果给自己贴上了“颠覆者”的标签，让人们觉得它是新时代智能手机的“鼻祖”，所以苹果火了。而它的对手三星采取的是什么策略呢？有一款三星的广告让人印象深刻，广告语是这样的——“这是Note Ⅱ，我的新手机，喜欢它有100个理由，对我来说重要的是……”三星果真就找了100个名人代言，制作了99条视频广告（其中包含一对双胞胎明星），给你100个购买它的理由！

三星的广告策略与它的定位标签一致——那就是“大”。三星手机的屏幕要比苹果大得多，其中一条广告语便是——手机大，显得脸小！三星凭借着这一个鲜明的标签，就让用户记住了——大、功能多，于是三星大有后来居上的架势，即便在美国本土，市场份额也在日益威胁着苹果霸主的地位，甚至有专家预测三星的Galaxy Note Ⅲ系列，会超过iPhone5的销量。

再来看看小米，小米能有今天真是个奇迹。雷军当时做手机的时候，真是一头扎入了一片红海，他本身也不懂手机，怎么做出来的呢？雷军自己总结，这得益于他的互联网思维，并且还自己总结了一个七字诀——专注、极致、口碑、快！

仔细分析一下雷军的思路，与我们“产品化生存”的道理是一致的——专注：我们讲了“钉子法则”；极致：我们讲了“价值金字塔”原理；口碑：我们讲的是标签与营销漏斗；快：我们讲的是迭代开发。有没有发现，工作真的和做产品的道理是一致的。

本节讲标签，也就是雷军说的口碑。我们看看小米是怎么定位的，从一开始雷军就把它定位为“发烧友手机”，于是你看到小米的前 100 位客户都是他们论坛的发烧友，是小米一个个拉过来的骨灰级玩家。细心的读者可能会发现，直到红米出现，雷军在官方口径中才稍微做了些调整，强调小米手机的定位是——高性价比手机。

其实，这与最开始的“为发烧而生”的逻辑是一致的，小米始终给人一种高技术、高性能的感觉，加之价格不贵，所以会给人高性价比的感觉。如此一来，这个标签也就很明确了。

这样，虽然“苹果重新发明手机”之后，一度一家独大，但三星与小米凭借差异化的“标签”，也占得了自己的市场份额。

我们在职场上打拼也是一个道理，你是做什么的，标签必须明确，而且你要想方设法让自己成为行业中的名牌，这样你才能让自己获取优势。

6. 营销漏斗赚钱的秘密

每天一睁眼，我们就能看到各种广告，无论是手机短信、微博客户端，还是户外广告牌、地铁灯箱等等，每天被这些五花八门的信息包裹着，你可曾想过它们背后的商业逻辑?

以前我在公司上班的时候，也懒得思考这些。可是自从自己创业以来，就必须想着公司如何盈利。之前有很多华丽的梦想，但到最后发现，那些天马行空的东西都无法落地。其实商业模式再好，也和成都小吃是一个道理。

> 成都小吃有一个门脸儿，提供几种盖饭，可以满足你的刚需——饥饿。商业模式是你付费吃饭，刨除成本之后即为利润，非常清晰明了；而且成都小吃的招牌很响亮，挂在那里谁一看就知道是干吗的，也知道里面的菜品大概在什么类别与价位。这是一个典型的小而美的模式，试想如果所有的成都小吃都由一家企业经营，那它所要做的事情，就是

吸引更多的客人到店里来吃饭，再有就是不断扩大饭店数量，做连锁经营。

无论世事如何变化，那些朴素的商业原理一直亘古不变。你要做的就是拿一个漏斗，把你的客户逐渐过滤下来，都筛到自己的店里来消费。只要你能保证自己的产品做到了极致，并且还能解决客户的一个迫切需求，再辅以合理的价格，这就是一个理想的商业模式，你也一定能从中赚到自己的利润。

如果你的营销漏斗足够大，你就可以筛下来更多的客户，这里我们所要做的就是把营销做好，让更多的客户进入我们的“店铺”。眼下互联网如此发达，你可以综合利用各种方式，整合营销。如搜索引擎的关键字广告，各种问答百科的答案营销，微博、微信、Blog 等 SNS 方式的传播等等，只要你的产品有核心竞争力，做到了极致，接下来你要做的事情，就是不断撒网捕鱼了。

这里讲个真实的故事，喜欢吃饼干的朋友可能知道香港有一种小熊珍妮饼干。饼干很简单，一个圆形的小熊铁盒，可以容纳两层饼干，4～8 种口味。这个饼干每天都有数量限制，售完为止。每天还没开门，队伍已经排得很长，而且每人限购 4 盒，但依旧火爆，你在淘宝上甚至可以找到专门的代购网站。这种饼干为何这么牛？生意为何这么好？人家就是把这饼干做到了极致。口碑传出去之后，人越来越多，购买力也越来越强，人家还愁什么呢？

这个营销漏斗和你有什么关系呢？如果你把自己这个产品打磨到极致，做得足够好的时候，你再通过各种途径不断营销自己，让青睐你的客户越来越多，那时候你的身价就水涨船高了，你自然就走在了通往财务自由的路上！

或许有人会说，并不是每个人都有自己的产品，也不是每个人都可以产品化。其实，这丝毫不影响"产品化生存"的概念。比如，一个图书编辑，那么他应该如何打造自己这个产品呢？

首先，他需要有一个标签，我们假定这个标签是"职场畅销书出版人"，这是结合既往的工作给自己的定位。有了这个定位之后，他需要证明自己在这方面有核心竞争力，他可以列举一些自己以往的成功作品，比如他可以是《杜拉拉升职记》的营销策划人，也是老可第一本书《你能行》的策划编辑。

标签明确之后，他就可以使用营销漏斗的工具了。他可以利用Blog宣传自己的理念，在媒体撰文凸显自己的专业水准，参与或者组织各种业界沙龙来拓展人际关系。总之就是利用一些资源来扩大自己在这一领域的知名度。

当他的知名度足够大的时候，他自己这个产品就火了，就会有越来越多的作者与他合作，就会有更好的出版社来挖他。他的身价自然水涨船高了。

这就是如何利用营销漏斗赚钱的秘密，这是继我们之前讲的“职场标签”之后的下一步努力方向，这也是产品化生存的思路。

7. 产品化生存的典型案例

这一章实际上是借助做产品的思路，来讲职场、讲人生。我把这种生存方式称为“产品化生存”。前文我们虽然给了一个简短的例子，不过为了让你有更直观的了解，我再写两个朋友的故事，他们分别代表产品化生存的两种形式：

有一个朋友，我们都叫她“袁总”，毕业于中国政法大学，学的是民商法。毕业之后去了一家准备上市的公司，当时的法务部只有两个人，但是由于公司要准备上市，所以业务压力非常大。“袁总”当时每天工作都超过 12 个小时，就这样一下子干了 3 年。

3 年之后“袁总”在业界已经小有名气，于是被猎头看中挖到了一家外企，这一干又是 3 年。在这 3 年中，“袁总”不仅在业务上有了很大提升，在标准化、国际化方面也增长了见识。由于在外企比较稳定，“袁总”在此期间也完成了生娃的人生大事，成功转型为职场妈妈。

这时候一家民营企业准备赴美上市，“袁总”又被猎去做高级法务经理。这家公司的法务部也刚刚组建，加上她只有两个人，另一个人还马上要休产假了。“袁总”去了之后，又是一顿没日没夜的奋战，她的职务也一路提升，一直升任公司的法务总监，团队也由最初的 2 人扩大到了 7 人，并顺利完成了企业的纳斯达克上市。

这其中自然经历了无数的痛苦与折磨，其间她也有过离职的想法，但都忍了下来。我问她原因，她说上市之后还要经历美国的审计，而这对她来说是一个新业务，她想做完之后再走。前几天聊天，她说自己想换工作了，又有猎头在挖她。我好奇地问问了薪水，答案着实让我吃惊不小——年薪 70 万元！

要知道就在 3 年前，她刚刚进入那家民企的时候，年薪还不到 20 万元，为什么在短短 3 年内她的身价翻了这么多倍？答案很简单——专业。她的定位很清楚，就是公司法务，而且是围绕上市来做。只要你的公司需要上市，需要专业的法务人员，那你就来找她吧，人家国内 A 股做过，美国纳斯达克做过，有两家公司上市经验，又有外企的工作经验，还能带团队，这样的人才，拿过来就能用，而且还吃苦耐劳，如果你是公司老板，你要不要？

这就是在职场中产品化生存的典范，定位清晰，并且建立了自己的价值金字塔，这样的“产品”在市场上能不具备竞争力吗？能不越来越吃香吗？

> 另一个朋友叫“小鑫”，是我的大学同学。上学的时候演话剧、说相声，玩得不亦乐乎，毕业了也没有工作，而是直接和女友出国又玩了三年。虽然是个好玩的人，但他的商业眼光不错，回国后自己做了一个摄影工作室，定位是幼儿的纪实摄影。他们专门去找幼儿园合作，然后给孩子拍摄在幼儿园的点点滴滴，制作成影集卖给家长。
>
> 这个创意很简单，操作起来也不难。虽然这个需求对父母来说未必是刚性需求，但毕竟有一部分家长愿意为此付费。加之这哥们儿向来喜欢艺术，又参加了摄影培训，拍摄出来的影片效果确实不错。随着经验的累积，他的营销漏斗越来越大，客户越来越多，到我们毕业十年聚会的时候，这个当年的活宝，已经成为我们班有名的企业家了。虽然没有大富大贵，但一年百十万的收入，已经远远超过了同期奋斗的白领同学了。

这就是产品化生存的另外一种方式，即自己并不是被一个客户买断（打工），而是把自己的产品销售给多个客户，同时与多个客户产生联系。这就相当于一个小公司，或者小工作室了。这种方式的好处是，你不必受到一个客户（你雇主）的局限，而是可以把自己的产品最大限度地销售给客户。只要你的产品做得足够好，能够解决客户的问题，日积月累，你的营销漏斗足够大的时候，你的收益就会成倍增加，而这种模式给你带来的收益，也远远大于普通的打工者。

无论你选择哪种方式，你都必须把事情做到极致，这样你才有核心竞争力。而目前大部分职场上的人，都是半吊子，想想看你对自己够狠吗？你把自己逼到一定份儿上了吗？如果没有，那你就只能过平庸的生活了。如果你想改变，那就从现在开始吧！别和我说自己现在年纪大了，你还没资格养老，为梦想出发，任何时候都不晚！

8. 5P 模型帮你决胜职场

洋洋洒洒写了这么多，核心想告诉你的，可以用一个模型来概括，在这个模型中，每一个单词的英文首字母都有一个P，于是我把它命名为“5P 模型”。

首先，我们做任何事情，都必须有激情（Passion）。正如乔布斯所说：“做伟大工作的唯一途径，就是爱你所做的事情。”这也是为何我在前文花费大量笔墨论述你一定要找到自己的兴趣的原因。前文所述，如果你选择了自己不喜欢的工作，做到最后可能会越来越纠结，导致你不得不重新选择。但行文至此，你更应该发现，如果你想在“产品化生存”中有更好的发展，你想更早地实现财务自由，就必须热爱你的工作。只有这样，你才能投入全部精力，把它做到极致。

其次，你要找准自己的定位（Position）。你喜欢的事情千千万，但你真能做好的恐怕不多，能做好又有市场前景的就更少之又少了。定位在哪里？定位在你喜欢的事情上，定位在你有特长的事情上，定位在你内心最渴望成功的事情上。定位是什么，就是我们讲的“钉子法则”，就是我们讲的“职场标签”。定位很重要，定位的时候一定要尽量选择小切口，这样你才容易做得深入，而不是“摊大饼”，成为泛泛之流。

然后，你必须打造自己的价值金字塔（Pyramid）。找到自己的兴趣，并明确定位之后，你所要做的事情，就是要沿着自己的方向不断地投入，打造属于自己的价值金字塔。这个金字塔指什么？就是指你的专业度，你的核心竞争力。还记得前文所说的“普通人的知识结构基本都是矩形”吗？他们的知识积累比较平均，这里知道一点，那里也知道一点，但没有一点是精通的。若想有所作为，你必须把自己的优势凸显出来，只有这样，你才能在竞争中脱颖而出。

接下来，你还必须学会推广（Promotion）。还记得我们讲的“营销漏斗”吗？其实赚钱很简单，就是打造一个顾客所必需的产品，然后通过营销找到尽可能多的客户，最后把产品卖给他。当前是自媒体时代，任何一个人都可以在微博中营销自己。你必须有这个意识，你是否关注老罗（罗永浩）的ROM发布？老罗绝对是一个自我营销的高手，从他砸冰箱之后，他的自我营销的色彩就愈来愈明显，后来你还见过一个拎着锤子的胖子的卡通形象吧，再后来你才得知他们的手机ROM也叫锤子吧！这是一个非常经典的自我营销案例。如果你想在当今的职场做出点名堂，不学学这种营销的本事，恐怕还真不行。

之后，你所要做的就是坚持（Persistence）。还记得那个“钉子公式”吗？成功=聚焦×投入。还记得“一万小时定律”吗？你必须认识到，人这个肉身，精力是有限的。你的时间也是有限的，你这辈子没几次成功的机会，如果你不能坚持下来，凡事都是蜻蜓点水，你永远也无法建立起自己的价值金字塔，永远也不能把事情做到极致，永远也不能在自己的营销漏斗中得到收益。

最后，让我们看看这个5P模型吧（图3-2）。它真的很简单，但是完全能做到却很有难度。写这本书，其实对我自己也是一个鞭策，我身上也有很多惰性，但好在我看明白了这其中的奥秘，剩下的事情就让我们一起共勉吧！

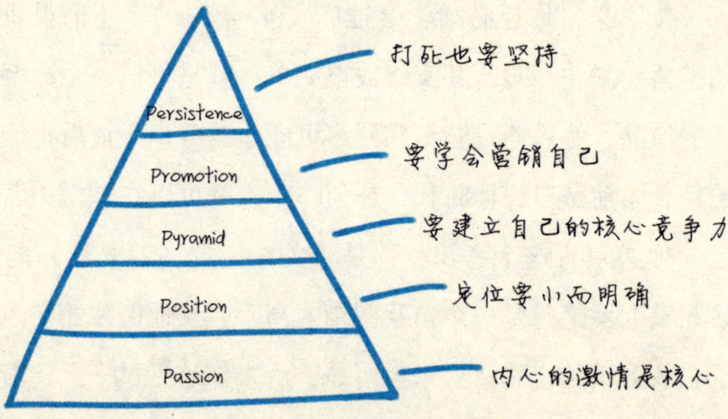

图3-2　决胜职场5P模型

学一学

迭代开发的精髓

眼下智能手机正火，很多人都下载了不止一个App，在App中你可以看到一个版本号，比如我用的微信版本就是5.0.0.16，这就是一个典型的迭代开发的例子。想想微信1.0的时候，有打飞机的游戏吗？有在线支付功能吗？

好的软件，一定是根据市场需求，不断迭代开发出来的。这里有一个精髓——试错、优化、小步快跑。而这个原则同样适合我们在职场上的逻辑。

举一个我自己的例子，本书的初稿是在2013年4月完成的，那个时候书的框架已经定型了，我完整提出了“产品化生存”的概念、“价值金字塔”的建立法则，但书并没有马上出版，而是经过了三次优化编辑，你看到的这段文字是我在2013年9月26日写下的，按理说这已经是本书的3.0版本了，这就是一个迭代开发的过程。

但至此迭代并没有结束，在我提出“产品化生存”、“职场标签”的概念之后，一直在思考，不能仅仅停留在纸面上，能否提供一种服务帮助读者建立自己的“特色标签”呢？简而言之，我讲“产品化生存”，那我便要率先垂范，要提供一种产品为读者服务。

思来想去，我们在职场上最明显的标签是什么呢？——没错，就是你的简历。简历是你求职的名片，是你获得工作的第一块敲门砖。如果你的简历特色不鲜明，或者达不到要求，你根本不会有机会去面试。

太棒了，简历是一个绝佳的载体。那我可不可以提供一种服务，来帮助求职者制作更好的简历呢？有了这个想法之后，我便按照前面讲授的建立“价值金字塔”的流程，进行了系统化地思考。

首先，我要了解这个行业，于是我做了大量的案头工作。我发现，简历写作服务，在美国已经有将近30年的历史了，国外有一个专门的行业就叫作简历师（Resume Writer），而且有自己的行业协会。于是我在接下来的一段时间内，研究了所有美国简历师协会的资料，分析了大量的案例，掌握了美国简历师协会制定的各类行业标准与成功简历范本。

掌握了这些信息之后，我决定采用迭代开发的模式，先推出1.0版本的服务试水，于是我制作了一个非常简单的网页，提供简历指导、简历写作服务，并在互联网上做了一些推广工作，这也就是我们所说的“营销漏斗的秘密”。推出这项服务的第10天，我终于迎来了第一个客户，这让我备感兴奋。

3个月过后，我积累了一定量的客户，并初步建立一个小团队，拥有了一批业界顶级的HR朋友来与我一同从事这项工作，我觉得这一行业在中国还是大有可为的，于是我酝酿了一次大的迭代动作——推出一个专门从事简历服务的网站，名字也很直接——简历邦（www.jianlibang.com），这次迭代已经比当初的一个网页有了飞跃式的进步。我们是中国第一家采用电子商务网站模式来提供求职服务的网站，内容包括简历诊断、简历写作、简历模板下载、求职信写作、面试辅导、推荐实习、推荐工作，等等。

读者朋友，你看清我的思路了吧。从一本书中的概念的三易其稿，到网络上的服务；从一个简单的网页，到一个独立的网站，这已经是5.0的产品了。这就是迭代开发在职场上的应用。试错、优化、小步快跑，这就是迭代的精髓。

遗憾的是，很多人不明白迭代开发的道理，在我的咨询客户中，我发现很多人陷入了这个误区。他们要做一件事情，往往给自己设置重重阻碍。比如说一个学计算机的学生，想进外企，他头脑中的路径是要去考外语专业的研究生，理由是进外企一定要外语很好才可以，怎么证明你外语好呢？一定要有个研究生学位。

这种绕弯子的思维非常常见，是典型的“自我设限”。真实的情况是，你学了很久也不见得能考上研究生；即便你考上了研究生，你的英语也不见得很好；即便你的英语很好了，你的计算机能力却可能落伍了；即便你非常勤奋，学外语期间也兼顾了计算机的学习，但可能外企没有职位了。

这就是不懂迭代开发的代价。正确的做法应是，直接去外企应聘，如果成功，则在工作中且做且学，你的外语水平会水涨船高；如果失败，再去其他外企尝试，直至成功。如果屡试屡败，则总结经验，着手改进。如果面试中，发现是自己外语水平的问题，那再集中两个月来突破，然后再次尝试面试，直至攻克。这才是聪明人做事的逻辑。

迭代开发中的 PDCA 循环

PDCA 循环又叫“戴明环”，是美国质量管理专家休哈特博士首先提出的，由戴明采纳、宣传，进行普及，从而也被称为“戴明环”。它是全面质量管理所应遵循的科学程序。这里我们可以借鉴过来，用它来管理自己的职业生涯。

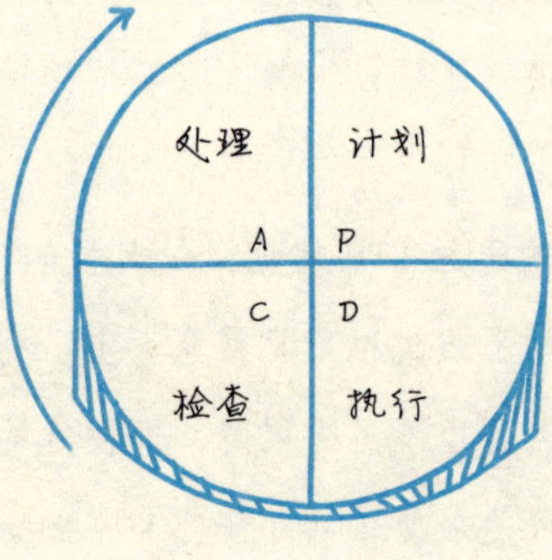

图 3-3　PDCA 循环

PDCA 是英语单词 Plan（计划）、Do（执行）、Check（检查）和 Action（处理）的第一个字母，PDCA 循环就是按照这样的顺序进行质量管理，并且循环不止地进行下去的科学程序。在这本书中，你可以结合自己的产品化生存逻辑，管理自己的职业生涯。

P（Plan）计划，方针和目标的确定以及活动计划的制订。你可以用来定义自己的价值金字塔，确定金字塔的层级与内容。

D (Do) 执行，具体运作，实现计划中的内容。你可以用来执行计划，反复磨炼自己，把自己的金字塔打造成极致。

C（Check）检查，总结执行计划的结果，分清哪些对了，哪些错了，明确效果，找出问题。检查是迭代概念的核心，我们提到的试错、优化，主要在这一环节完成。你要准确找到问题所在，并提出相应的解决方案。

A (Action) 处理，对检查的结果进行处理，对成功的经验加以肯定，并予以标准化；对于失败的教训也要总结。对于没有解决的问题，应提交给下一个 PDCA 循环去解决。处理要注意迭代精髓中的“小步快跑”概念，不要贪多，不要贪图一次解决所有问题，每次有一点改进就足够了。

需要强调一点，PDCA 是一个循环，不是静止的。你要利用这个环不停地旋转下去，这也是我们说的迭代的精髓——试错、优化、小步快跑。

相信你的职业生涯，一定会在这个循环中，逐渐明晰方向，强化优势，成长壮大……

练一练

营销漏斗的运用

前面几章的练习中，我们已经涉及了“决胜职场5P模型”中的前面3个P（Passion、Position、Pyramid），在本章的练习中，我们重点讲解一下营销漏斗的运用。

如果你想走我们所说的“产品化生存”的路线，最重要的是要把自己做成一个品牌，让尽可能多的人喜欢你这个品牌，这时候你就必须懂得一点营销的技巧。让我们看看营销漏斗是怎么工作的吧！

我们将个人品牌的塑造分为“听说——了解——信任——成交——推荐”5个层次，这5个层次从上至下依次排列，并且横截面逐渐变小，从外形上看就好像是一个漏斗，我们把它称为“营销漏斗”。

我们讲“产品化生存”，对于不想创业的大多数读者来说，最基本的用途就是找一份好工作。下面我们就介绍一下，如何在职业生涯中运用“营销漏斗”来谋求一份理想的工作。

俗语说：“上赶着不是买卖。”意思是说主动送上门的，都不值得珍惜，找工作也是如此。如果你去求职，你就是主动送上门，那你就要按照人家的规定来，薪资自然也是人家的标准，当然价码不会太高。看过本书之后，希望你经过一段时间的积累，可以让对方主动找上门来，让企业上赶着，你成了抢手的人才，那开多少价就看你的心情了，这时你就有了谈判的主动权。

需要强调一点，我们这里讲“营销漏斗”，是在你完成前面章节的“价值金字塔”的建立，或者至少是完成其中定位环节之后开展的。如果你的“产品”没有做到极致，那营销做得越广，就失败得越快。

举例来说，假如你是学计算机技术的，想要谋求某大公司技术总监一职，但是你不想自己主动投递简历，你想让猎头来挖你，那么如何做才能实现自己的愿望呢？运用“营销漏斗”的方法，可以帮助你梦想成真。

◆ 漏斗第一层：听说

首先，在听说层面，你要扩大自己的知名度。你可以撰写专业的论文，发表到专业期刊上，在行业中建立影响力；也可以开通博客，阐述自己的技术见解。根据我的观察，这一行业中的牛人，都有自己独立域名的博客，而且很多人的博客访问量还很高，已经实现了商业化。之后你可以经常参与行业的沙龙，线上线下的论坛，积极参与讨论，如果名气更大一些，还可以接受媒体访问，参加电视节目等，要知道行业会是猎头“扫人”的必修课。

◆ 漏斗第二层：了解

解决了听说之后，就进入了解的环节。如果企业雇主或者行业猎头对你感兴趣，他们一定会在网络中搜索你的名字，想对你有进一步的了解。基于百度的特性，百度自己产品的显示顺序会很高，所以你需要建立自己的百度百科。在百科中巧妙地介绍自己的特长、优势，让你的潜在“客户”对你感兴趣。你还可以开辟自己的博客，或者在专业技术网站上开通自己的专栏。这些博客、专栏中可以显示你的详细信息，从而让“客户”进一步了解你。

◆ 漏斗第三层：信任

光了解是不够的，还要让“客户”信任你。如何让“客户”信任自己，方法有很多，但首先一定是理念上的认同。俗话说，“道不同不相为谋”，这既包括技术理念，又包括做人的准则等，总之你要让目标企业觉得彼此有相似的价值观。其次是要提供案例，招聘方对于一个陌生人的判断，最好的方式就是看你之前做了什么。如果你的博客中有既往案例的详细总结，无论成功失败，这都是很好的素材。对方可以从中看到你认识问题的深度，你的技术积淀是否达到公司要求，等等。如果你分享的案例足够精彩，那么案例就一定能获得自动转发，那反过来也会提高你的知名度。

漏斗第四层：成交

通常情况下，完成了以上三个环节，你就会进入“猎头”的法眼。如果机会出现，你就会被列入邀约的名单。但如何达成“成交”，还需要进一步的修炼。如果我们说前面的营销解决的是面上的问题，“成交”这一环节解决的就是点上的问题，你能否被心仪企业录取全在这一环节。而完成“成交”的方式就是面试，所以说面试是你针对某个企业的特定营销。

讲面试技巧的书有很多，这里不赘述。但强调几个原则，以供参考。在面试之前，建议你做一下换位思考。如果你是这家企业的雇主，你希望招聘什么样的员工？我之前在微软MSN做《职场人生》的时候，访谈过很多企业老板，他们的回答很简单——又红又专！虽然这话还带有20世纪的色彩，但道理是一样的。用今天的话语翻译一下，那就是，首先，你必须认可我们公司的理念，必须让雇主看到你是同道中人。只有这样企业才敢聘用你，因为你会稳定地在这里工作，甚至会以企业为家。其次，你必须展示自己的专业，企业不会雇用一个平庸之辈，你必须有真才实学，尤其是技术总监这一职位；你必须技术过硬，能带领团队打硬仗。这里需要补充一点，技术总监的职位，属于技术管理岗，你展示的“专”除了专业之外，还包括带团队的专业能力，这一点不容忽视。

道理讲明白之后，你如何把自己呈现给企业，成功地营销出去呢？每个人会有不同的方法，这里简述几点——首先你要制作一份精彩的简历。创办简历邦之后，我发现有太多的职场人不懂得如何在简历中展示自己。一个通病就是，语言华而不实，空话、套话连篇，不懂得如何扎实地展示自己的亮点。而技术人员恰好相反，不善言辞，做了很多工作，但不知如何写出来。如果你也有这个苦恼，建议仔细研究一下简历的写作方法，必要时也可以求助简历邦。总之，一份精彩的简历，会给用人单位留下良好的印象。

光有简历是不够的，应聘高级职位，你还必须提供一些辅助材料。这其中最有说服力的就是你的既往案例。试想一下，通常意义上的面试就是提供一份简历，如果你在面试的时候还可以提供一本案例库，里面资料翔实，分级得当，案例的背景、难点、解决方案、取得效果、得失分析、改进建议等一应俱全。你会给企业留下什么印象？雇主一定会觉得你是一个善于学习的人才，而这是大多数企业所必需的。

举个例子，当年我在微软 MSN 的时候，需要招聘一名奢侈品频道编辑，应聘者中来了一位大学生，而我希望招聘一位成熟的编辑，希望上手快，可以马上开展工作，之前的很多应届生由于缺乏经验，都被拒之门外。但这个姑娘在面试的时候给我展示了一个资料夹，里面是她实习期间设计的作品，包括平面海报、网页设计，还有一些素描画。询问了一些基本情况之后，我让她现场画一个播放器，她拿起纸笔，十几分钟就画好了。于是她很快便被录用了。原因之一就是她的案例展示，很直观地说明了她的能力。

当你展示了专业能力、对公司的认可，以及希望在这里长期工作的愿望之后，剩下的就是谈价格了。通常企业的职位有一个招聘的 Budget（预算），但优秀的企业不吝于对优秀人才给予标准的上线，就是可以比预算上浮一些。如果你真是个人才，相信你一定会获得合适的报酬。

◆ 漏斗第五层：推荐

其实，完成成交，进入企业工作之后，你的自我营销还远远没有结束。不知道你如何看待同事、领导与你的关系。其实他们都是你的资源，当你进入一家公司之后，会有很多双眼睛在看着你，而你可能都意识不到，说不定未来某一天谁会给你一个机会。

建议你一旦进入公司就好好干，做出业绩。这既是你下一个简历中的资本，同时也是同事眼中的印象。职场是“铁打的营盘流水的兵”，说不定你的下一份工作就是你的老板或者同事推荐的。而你要做的就是干好工作，获得让他们推荐的资本。

只有当工作来找你的时候，你在职场才是成功的，你的价值才会越走越高。这就是我们所说的“营销漏斗”的秘密。下表把营销漏斗做了简要的总结，你可以结合自身实际情况，来制订一个实施计划。

项 目	功 能	方 法
听 说	解决知名度的问题，知名度越高，你的机会越大。	1. 撰写专业论文、博客； 2. 参加行业沙龙、论坛； 3. 接受媒体采访，参加电视节目；等等。
了 解	解决你是谁的问题，介绍你的背景，提供更多信息。	1. 建立百度百科；2. 建立博客； 3. 网站开辟专栏；等等。
信 任	解决客户疑虑问题，让客户相信你、接受你。	1. 彼此理念认同； 2. 分享案例。
成 交	解决销售的问题，让客户埋单，完成销售。	1. 提供专业简历；2. 提供案例作品； 3. 价格合理；4. 展示良好态度。
推 荐	解决口碑问题，让客户愿意为你主动推荐。	1. 展示真才实学；2. 坦率沟通； 3. 成为朋友。

在下图的横线上，结合自己的定位，写下你的“营销漏斗”计划吧！

听说 ______________________________

了解 ______________________________

信任 ______________________________

成交 ______________________________

推荐 ______________________________

第四章

产品化管理自己

——你现在所做的一切决定了你的将来

推迟满足感也好，慎独也罢，其实都是在说我们要能“管”住自己，这也正是我所说的“产品化管理自己”的关键所在，如果你自己都不能管住自己，那还指望谁决定你的命运呢？

1. 自我管理的 TRM 系统

“产品化生存”是本书的重要概念，通过前文阐述，我们已经明白了产品化生存的逻辑，其中的核心就是找准定位，并建立自己的价值金字塔。道理很简单，关键在于你是否能够做到。为了保证计划的落实，我们必须懂得如何管理自己。本章我们将从产品管理中借鉴一些概念，用于自我管理，只要做到这些，保证你能心想事成！

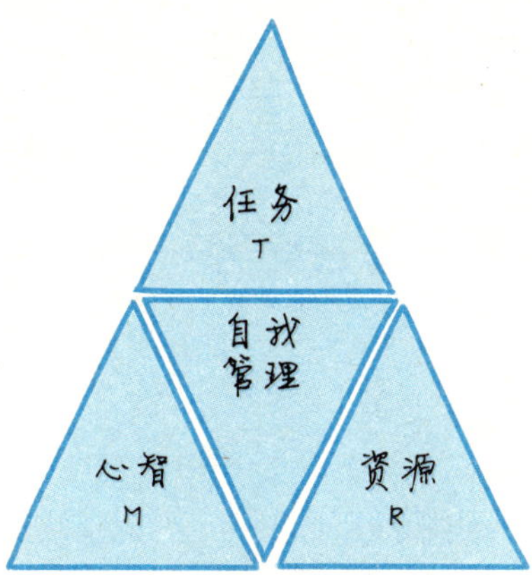

图 4–1　自我管理的 TRM 系统

产品研发中用到的最多的软件就是Project，这是微软Office系列软件中专门用来做项目管理的软件。这个软件有两个重要的概念，一个是任务（Task），一个是资源（Resource），我把这两个概念借鉴过来，用来建立自我管理的逻辑框架。毕竟与产品相比，人是活生生的生命，人有自己的意识与想法，为此我们再加一个选项——心智（Mind），由此构成了自我管理的TRM系统。本章我们将对此进行详细的阐述。

2. 懂得项目管理，你才更有白领范儿

首先来讲解一下 TRM 系统中的 T，也就是任务，而提到任务我们必须引入项目管理中的一个概念——WBS。

> WBS（工作分解结构），Work Breakdown Structure 的英文缩写，是项目管理重要的专业术语之一。WBS 是由三个关键元素构成的名词：工作（Work）——可以产生有形结果的工作任务；分解（Breakdown）——一种逐步细分和分类的层级结构；结构化（Structure）——按照一定的模式组织各部分。

通俗地说，WBS 就是将任务有序地分解到不能再分，分解到可以由特定人去执行的一种方式。

首先，你分解的必须是工作（Work），Work 在项目管理中被定义为可交付的成果，用来做自我管理也是一样，被分解的任务必须围绕目的来进行。比如你按照上文的价值金字塔原

则确定了自己的计划，你的计划一定是为目的服务的，同理你在把每一项计划分解成可操作的任务时，也必须围绕自己的目的，确保不是谬之千里。

其次是分解（Breakdown），分解的目的很简单，就是要具备可操作性。分解要到不能再分为止，分解后的最低一层的活动被称为工作包，工作包中的内容必须可以指派特定人去完成，而且必须能产生可交付的成果。也就是说，分解之后的若干小任务，都是你实现自己目标的具体手段与途径。

最后是结构化（Structure），项目管理要求工作分解必须是结构化的，也就是要有层次，并且有编号，这样在团队工作中可以做到任务明确，有案可稽。通常来说可以采用树状结构，逐层分解。如图 4-2 所示：

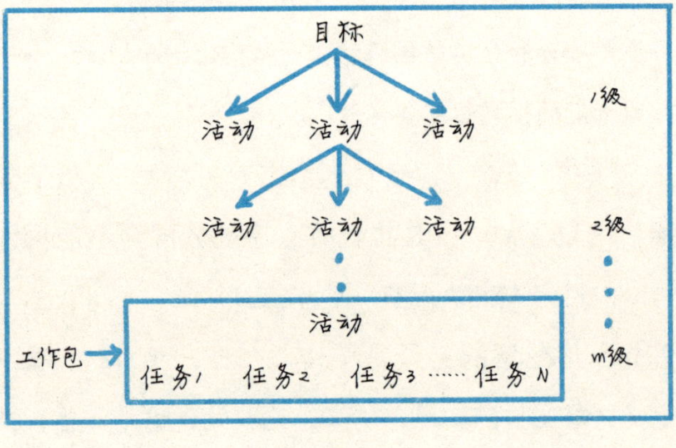

图 4-2 WBS 示意图

来看一个具体的案例，为某软件的开发与实施制定的WBS，如图4-3。这个WBS分解到二级，每一个级别都有编号，比如“140研发”，表示第一级别，第四大项工作，而“141模块定义”则表示第一级别第四项工作中的第一项。

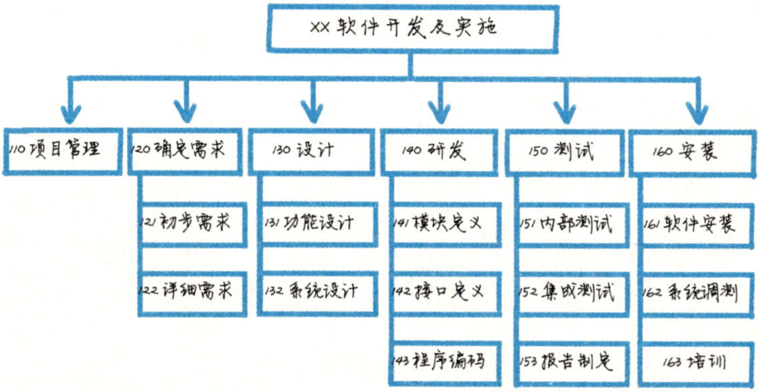

图4-3 XX软件开发WBS示意图

需要注意的一点是，上图的WBS并不完整，因为它没有分解到不能分解，也就是没有形成工作包，不能指派特定个人来完成，不能指向可交付的成果。

以上仅仅简要介绍了WBS的基本原理，如果你想详细了解此项内容，可以查阅项目管理的专业书籍，也可以参加PMP认证的培训学习。

很多应届生都会在简历中注明，熟练使用Word、Excel、

PPT 等 Office 办公软件，其实这是最冠冕堂皇的废话。当你真正步入职场之后，你会发现你离当初所说的熟练，还差得远呢。事实上，真正能让你变成专业职场人士的软件并不是这些，而是 Project，只有当你真正懂得项目管理之后，你才渐渐会有一些白领范儿！

3. 做一个高效的时间管理者

项目管理中的资源（Resource），主要指的是时间、人力与预算。当我们谈自我管理时，主要谈前两项，因为钱的多少因人而异，而前两项具有通用性。

在我们谈时间之前，需要问你一个问题——你打算在多久之内建立自己的价值金字塔？这个问题乍一问很难回答，那么让我们先看一幅画。

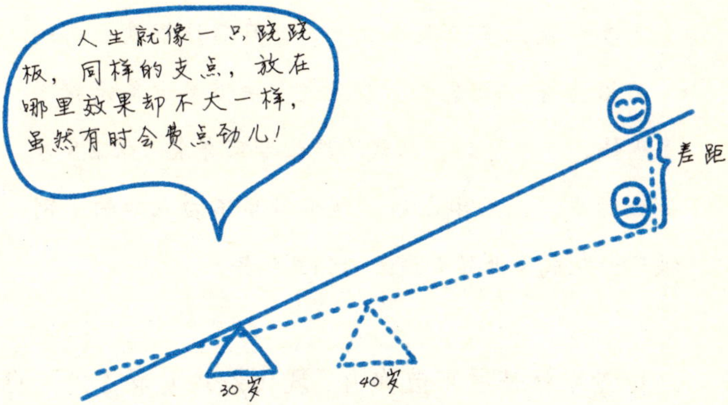

图 4–4　价值金字塔的时间杠杆

这幅图形象地阐释了本书的理念，你的人生需要一个支点，这就是你的价值金字塔，而你建立得越早，你撬动的未来就越高，虽然这在你一开始的时候会很费力气；但如果你贪图安逸，即便你在人生的后半段也建立起自己的价值金字塔，但它起到的作用也是很有限的。

不赘述，请珍惜时间，尽早找到你人生的支点。

这一节介绍两种时间管理的方法，你可以结合自己的工作习惯加以利用，提高自己的工作效率。

一百多年前，美国一家默默无闻的小钢铁公司总裁为提高公司效益而很是发愁。他去咨询一位专家，专家声称可以在10分钟内给他一样东西，这东西能帮他使公司的业绩提高50%。专家让这位总裁回去做个试验，能坚持多久就坚持多久，愿意让多少人参加就让多少人参加，一个月后让钢铁公司的总裁给他寄一张支票，觉得这方法值多少美元就寄多少钱。一个月后，总裁给这位专家寄来一张2.5万美元的支票。五年之后，这个当年不为人知的小钢铁厂一跃成为世界上最大的独立钢铁厂。

这位专家就是后来被称为“现代公共关系之父”的艾维·李，他给这位总裁开出的“药方”后来也同样声名远播，被称为“艾维·李时间管理法”。

艾维·李的方法是这样的：

1. 写下你明天要做的 6 件最重要的事；

2. 用数字标明每件事的重要性次序；

3. 明天早上第一件事是做第一项，直至完成或达到要求；

4. 然后再开始完成第二项、第三项……

5. 每天都要这样做，养成习惯。

这个方法在一百多年前奏效了，不过许多人质疑今天它还是否适用。人们说，我们的工作节奏比 20 世纪快多了，我们工作时不光要考虑“重要性”的问题，还要考虑“紧迫性”的问题。

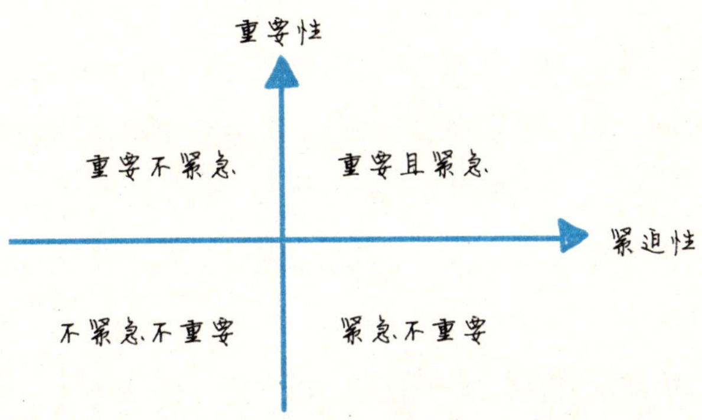

图 4–5　二象限时间管理法

于是，现代人在艾维·李的方法上加了一个维度，用竖轴表示“重要性”，用横轴表示“紧迫性”。然后事情自然地被分为四个部分：“重要且紧急”、“重要不紧急”、“紧急不重要”和“不紧急不重要”。

如果让你排序，你会怎么安排？有两个我们都不会有异议，那就是“重要且紧急”第一，“不重要不紧急”最后。关键是中间的两个怎么处理，而这是真正能体现出时间管理艺术的地方。

你可能说我要先做“紧急但不重要”的事情，但是你会发现，慢慢地，那些“重要但不紧急”的事情迟迟不能启动——因为它们不紧急，所以就一再地被推迟、再推迟，甚至等了一年两年……那些“重要但不紧急”的事情始终都没有做。而那些被我们排在第一优先级的“重要且紧急”的事情一年也碰不上几件，于是我们每天花大量时间处理的都是些“不重要但很紧急”的乱七八糟的事。日子就这样一天天过去了。

事实证明，职务越高，你会越在意“重要”的重要性，而那些“紧急”的工作，会被分解给下属去做。这个时候你是把控方向的人，如果你不能在重要的问题上做出正确的决定，那么你的事业、公司，就有可能出现问题。

即便你还是一名小卒，也要对那些“重要但不紧急”的事情给予高度重视，并安排在合适的时间完成。只有这样，你才能不断地沿着正确的轨道前行。

上文提到的钢铁公司名叫“伯利恒钢铁公司”，当时的总裁是查理斯·舒瓦普，他按照艾维·李的建议，把公司做到了世界第一。2001年“9·11”事件一个月后，这家位于宾夕法尼亚的钢铁公司向当地法院申请了破产保护。不知道钢铁公司后来的领导者，是不是忘记了查理斯那张2.5万美元的支票。

另外一种时间管理方法叫作“GTD时间管理法”，源自戴维·艾伦（David Allen）的一本畅销书《尽管去做》(*Getting Things Done*)，书中讲述了一套时间管理的方法。GTD其实就是两点：第一，清空你大脑的内存。通常一件事情在你脑袋里所占空间的大小和你现实中已经完成的分量成反比。把所有要做的事情分门别类，存放到一个逻辑性强而又可靠的系统里去。大脑是用来思考的，不是用来记事的。第二，把任务和项目具体分解为行动，不管是什么任务、项目，我们要问的问题是，下一个动作是什么？只有这样，才能把计划具体化，才能让我们随时把握该做的事。

现在，GTD时间管理法已经被开发成很多的APP程序，比较著名的一款叫Doit.im，你可以在App store中找到它，很容易使用。把自己要做的事情通通都记录进去，然后设定完成日期，明确下一步行动，把自己的大脑彻底解放出来。

回到项目管理的概念中来，我们说任务与资源是Project中的两个重要概念，当明确了任务之后，也就是界定出具体的WBS之后，你就要给每一项工作包分配资源，而时间就是其中最重要的资源之一。GTD时间管理法与项目管理是一脉相承的，你必须结合 WBS 给出明确的时间表。

在制定时间表时，有两个重要的概念，一个是里程碑（Milestone），一个是截止时间（Deadline），截止时间是红线，在这个时间点之前所有的工作必须完成，而为了保证过程可控，你可以设定几个“里程碑”，也就是项目中的关键节点，把握住关键节点，有利于你在“截止时间”之前完成工作。

如图 4–6，这是一个具体 WBS 中的工作包，下表的内容叫作 WBS 字典，是对工作包工作内容的定义。其中“下午 4 点”就是“截止时间”，而“中午 12 点完成采购”就是“里程碑”。

工作包	1.2.3 酒水	上层要素:	1.2.0 物品
负责人	李笑鹏	协助人:	张丰力
工作内容	酒水的选择，包括一瓶饮料、一瓶红酒、一瓶白酒；酒水的采购，包括购买、运输和摆放到餐桌上。		
质量要求:	正规厂家生产、正规商店销售的、符合国家相关标准的，并在当地普遍受欢迎的酒水。		
时间要求:	聚会当天中午 12 点完成采购（第一个里程碑），下午 4 点摆放到餐桌上（第二个里程碑）。		
成本要求:	250~300 元		
项目经理(签字):		负责人(签字):	

图 4–6　WBS 中的里程碑与截止时间

以上两种时间管理工具，可以帮助我们提高工作效率。需要提醒一下，工具再好，如果你内心不够坚决，也是没用。工具的效用源自自律，详见下文阐述。

4. 学会自我能量管理

人力是项目管理中重要的资源之一，当然这里往往指的是管理者可支配的下属，但我们在自我管理中并不涉及下属，对自我而言其实就是自己的精力、能量管理。

还记得前面讲的“钉子法则”吗？钉子穿透木板与什么因素相关呢？钉子本身的硬度、尖锐程度、作用力的大小与持续时间的长短。这一节要讲的不是钉子穿透木板，而是真正的职场攻坚战。假设你面前摆着一道难题，你怎样才能攻克它？

在电影中一定看到过这样的镜头吧，古代的攻城大战。守城的一方城门紧闭，滚木礌石从天而降；攻城的一方举着盾牌，扛着云梯蜂拥而上。而在攻城中必不可少的工具你一定印象深刻，就是那根粗重的圆木，前端削成锥形，包裹着铁皮。简陋一点的由人扛着，高级一点的制作成战车，利用这根圆木的强烈撞击攻破城门。

这是古人的智慧，利用攻城锤（圆木）荡起的动能，冲击城门背后的门闩，动能经过一次次地累加，达到临界点之后，再撞一下城门便被攻破了。其实，我们人生中面临的任何攻坚，道理都与之相似，你要保证用力集中于一点，并且在短时间内使能量达到最大，一定可以将之突破。这就要求我们必须懂一点能量管理的知识。

你是否意识到自己的精力是有限的？或许你会说，这谁不知道啊？是的，你一定知道，但你可能并没有意识到，要如何利用自己有限的精力。打工这么多年，我每天和大家一样，上班下班，起早贪黑没觉得什么不正常。但创业之后，需要处理的事情太多，我才深深地觉得自己的精力是有限的。每天能处理的事情就那么多，时间有限，做了这个，就不能做那个，于是我意识到必须管理好自己的时间、管理好自己的能量了。

经过总结我发现，我每天的能量高峰有三个，上午 10 点、下午 3 点、晚上 10 点。我发现自己在这三个时段，精力最旺盛，其中早高峰头脑最清醒，下午的时段最长，晚上则最为安静，可以静心做一些规划与准备。于是我给自己绘制了一幅“能量曲线图”(图 4-7)。以前，为了白天能多做些事，我总是希望延长一些时间，但是后来我发现，这可能不是好办法。于是我在中午与晚饭后各安排了一次小憩的时段，当我补充睡眠之后，我的精力能迅速恢复，接下来的工作效率也特别高。

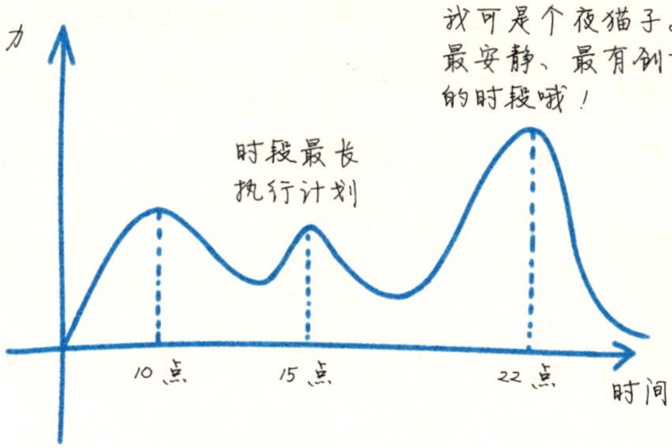

图 4-7　老可的能量曲线

每个人的情况不一样，你可以学着绘制自己的能量分布曲线，看一看自己在一天中什么时段精力最好、工作效率最高。你可以在精力最旺盛的时候，安排最重要或者最需要思考的工作，在自己精力不太好的时候，做一些执行层面的工作，这样你会发现自己的工作变得轻松多了。

当然，这仅仅是每一天的曲线图。前面我们讲，把事情做到极致，你需要突破职场上的很多关键点，在你打这些攻坚战的时候，可要统筹规划，整体考虑自己的“能量分配”方案了。通常来说，我们要积攒自己的能量，来向那个关键点发起冲锋。

还记得前文说的我离职前的攻坚战吧，两个月啊，真的很熬人。到了最后一个阶段，我感觉自己快要崩溃了。当时的一个周末，我告诉自己，绝对不要再想工作上的事情，先休息两天再说。于是那个周末，我每天上午打3个小时的篮球，下午洗澡之后狠狠睡上一觉。接下来的那个礼拜，我一鼓作气，拿下了那场攻坚战。

不就是两天没工作吗？会死人吗？当然不会！但我之前以为会，所以一直很焦虑。从那儿之后我发现，你在打大攻坚战的时候，要合理地分配好自己的能量。能量就像潮水，有高潮有低潮，如果你发现自己处于低潮，就要给自己时间，学会调节，放松心态，积聚力量，等待下一次冲击。没必要把自己一直搞得紧张兮兮的，甚至是心力交瘁。

能量就像潮水，要因势利导，让它发挥出排山倒海的冲击力！

攻坚的时候，要调动好自己与团队的能量潮，让大家保持一致的步调，一同把那个关键点击碎。

反过来讲，人的神经不可能一直是紧绷着的，冲锋过后我们也需要休息与调整。这就是你要掌握自己能量周期的原因。你要能调动自己所有的精力，在最关键的节点一鼓作气，拿下目标。从这个角度来看，狠人也不是很难做。平时可以嘻嘻哈哈，关键时刻一定不能掉链子！

5. 人际关系是怎么来的?

除了自身的精力之外，自我管理还涉及另一资源——人际关系。人际关系的作用毋庸赘述，关键是如何积累人际关系资源呢？关于这方面的专著很多，各有道理。我觉得其中最重要的有两点：一、你本身有价值；二、你真心对人好，不求回报。

第一点很好理解，当今社会生活节奏如此之快，做任何事情都是有成本的，想想看你约哪个人见面，约谁一起吃午餐，这都将花费你的时间。如果你自己没有价值，就不会有人愿意接近你，因为那对他来说是在浪费时间。

真正的人际关系是吸引来的，而不是巴结来的。这也是我们前面谈的建立“价值金字塔”的必要性。如果你没有价值，你对别人热情越高，人家越难受，觉得你是“狗皮膏药”，甩都甩不掉。

第二点，真心对人好，不求回报。这是我切身的感受。我曾在微博与微信中发表过类似观点的短文，得到了很多人的转发。把这个故事写出来，或许对你有点启发。

我认识一个人，他有很多朋友。每次他需要帮助的时候，总是有很多人愿意帮助他。我很是好奇，一次饭桌上聊天，我问他怎么做到这一点的。他说很简单——对人好，而且是无条件地对人好，别人求你的事，能办到的一定给办，而且不图任何回报。

创业以来，我得到了很多人的帮助，真的感觉这种人确实是存在的。一次我需要一份很珍贵的资料，通过好多渠道都没有找到。MSN 上和一个朋友说了句，当时也没当回事。可是没过几天，她说给我发了邮件。打开一看，非常详细的资料，一份 PPT、一个文档，我知道要搞来这些一定非常不容易，但是她就是帮我做到了，默默地做到了，我想这就是朋友。

一天请一位朋友去讲课，他二话没说就答应了，还花了一个星期反反复复地修改课件，然后又花了一个下午和我挤地铁，从城里跑到大兴，又口干舌燥地讲了两个小时，讲完后一个劲儿地说发挥得不好，砸了我的场子。回来后我说把课酬给他，他死活不要，说你在创业，就算给你帮忙！我想这就是朋友。

不知你听了有何感想，反正我是觉得有机会一定要回馈更大的回报，我想人际关系就是这样积累起来的。别学那些教你投机取巧的方法了，用心才会有回报……

6. 对自己狠一点

——心智管理第一要诀

前面我们已经把 TRM 系统中的 T 与 R 做了阐述，接下来我们重点谈一谈 M，也就是心智（Mind）。无论计划多么完美，工具多么好用，思想不够坚决，也是无济于事。

若想建立自己的“价值金字塔”，把事情做到极致，就必须对自己狠一点，否则你虽然已经很努力了，但在那个最关键的节点，你没能再加一把火，往往就留下了莫大的遗憾。对自己够狠，这是所有成功人士的第一心智要诀。

上过新东方的朋友，可能对一位老师并不陌生，沙云龙。

不过，十多年前他可能并没有那么出名。当时我还在读大学，老沙去我们学校做宣讲。当时觉得这个老师长发飘飘，说话风趣，加之自己想学，就报了班。

课堂上我发现，老沙绝对是个狠人，他总会给我们讲一些自己的轶事。他说自己上高中时语文不是很好，不知道怎样才能写好作文，他觉得是自己的词汇量不够，于是做了一个决定——背词典。他给我们讲，那个时候他在走廊昏黄的灯光下背，一页页地背，直到词典都翻烂了，最后别人说出一个成语，他甚至能知道这个成语在词典的哪一页！后来他考上了人民大学的法律专业，临毕业的时候决定学英语，于是又如法炮制，背词典！

狠吧！后来我在辽宁电视台的《超级面试》中担任职场顾问，其间认识了沈阳新东方的校长助理夏鹏。席间闲聊，问老沙在干吗，夏鹏说老沙现在已经是新东方集团的高级副总裁了，百度曾经出价年薪400万元挖他去做在线教育，他都没去。

老沙是个狠人，想想自己的高考，你是怎么准备的？是像平时一样按部就班地复习吗，还是到最后关头逼了自己一把？其实，人生不就那几个重要关口嘛，对自己狠一点也就过去了，但很多人对自己没有那股狠劲儿，于是再回首的时候，就留下了遗憾。讲个我自己的故事，你们感受下。

我的妻子是法律专业的，当年读研的时候，大都要准备司法考试，恰好那段时间我闲着无事，就陪她去学校学习。后来她说，要不然你也准备考一下吧，我想多个证也好，于是就跟着学了。

眼看要考试了，还有三天时间。到了冲刺阶段，我们把复习地点转移到了她家里，这样就可以连夜突击了。你也考过试，一定知道不睡觉的滋味有多痛苦，到了最困的时候，我们说好轮流值班，即一个人小憩30分钟，然后另外一个人负责把对方叫醒，但轮到我睡觉的时候，我就怎么也醒不了了。于是那三天，我根本不知道她到底是几点睡的觉……

考试结果很快出来了，妻子考了400多分，高出了分数线40多分，在学校当中都是屈指可数的高分了，而我则差了15分过线。考试后我还吹牛呢，你看我不是学法律的，学了两个月，还不是差点就过线了？你们班，那么多学法律的，还没有我的分数高呢！

现在想想，这牛吹得有意思吗？为什么就差一点呢？既然你都已经准备了，也花了两个月的时间，临门一脚了，为什么就不能对自己狠一点呢？少睡一会儿能死啊？那些题已经背过N遍了，最后再看一下没准就考过了。可是现在呢？一切都没有了，你没拿到那个证，没有一个结果，没有一个交代，自己那段时间的付出，付之一炬，就因为你在那个关键点上，没有再逼自己一把！

读到这里你可能深有同感，怎么好像说的就是我啊？其实这不奇怪，因为这是人性的弱点。为什么会是这个样子呢？从心理学的角度来看，我们每个人都有一个心理的“舒适区（Comfort Zone）”。在这个区域内，人们常常感觉放松，不愿被打扰，有自己的节奏，有自己的做事方式，有自己的为人处世模式。在这个区域内，就好比是炎热的盛夏，你躺在芭蕉树下的吊床上，拿着蒲扇、吃着冰激凌那样惬意。

但是，当我们为了达成某个目标，迫使自己走出舒适区的时候，就会觉得很痛苦；而到了临门一脚的时候，需要再逼自己一把，就无异于往伤疤上再撒一把盐，很多人就更不舍得对自己下手了。

没错，这很不人性，但是别忘了，人与动物的最大区别就是人是有主观能动性的。人可以为了目的控制欲望，调节自己的行为。于是某些自制力强的人，就是那些表现出对自己“够狠”的人，往往比其他人更容易获得成功。还记得“袁总”的故事吗？那个年薪 70 万元的公司法务总监。下面再补充一段，看看人家是怎么逼自己的。

> “袁总”在准备公司上市的阶段非常忙碌，每天都要工作到晚上 9—10 点。一个女孩子下班之后要打车回家，到家之后还要加班。我当时问她，不觉得累吗？她说虽然很累，但是为了冲这个关，过了就好了。

一次她突然在微信群中发了一条:“我正被这操蛋的荒唐工作强奸，操！”微信群里还有不少男士，看到这条消息时，我非常惊讶，这是怎么了？什么工作能把这位吃苦耐劳的淑女折磨成这样啊?

我们也不好问什么原因，于是群里你一句我一句，这个开导啊。说了半天，也没有反应，大家担心会不会出什么事啊。可是过了一会儿,“袁总”回话了——没事，我就是发泄一下，现在好了，还得干活儿。后来我们曾单独聊过一次，她也没说具体事情，只是和我说“抗压能力又提升了一层”！

在这个小圈子里，我们都把“袁总”看作榜样。她说的那句“抗压能力又提升了一层”，至今对我还是一个鞭策。想想看，我们虽然都有自己的舒适区，但这个舒适区也是有层次的，当你习惯了一个层次的时候，再提升到更高的层次；可能过了一段时间之后，那个曾经让你觉得很苦逼的状态，已经成了你现在的舒适区，这样你的职场武功就又修炼到了一个更高的层次。

其实没什么大不了的。为了你心中的目标，对自己狠一点，咬咬牙也就过去了。看过一个“篮球大师”的故事，大师说当你对成功的渴望就像对呼吸的渴望一样时，你就会成功。

这世界，“不扒一层皮”还想成功，做梦吧！

7. 你能不能“管”住自己

想一下每周的工作状态，你是在周三前就搞定了大部分工作，还是周一到周四拖拖拉拉，等到周五才疲于应对呢？可能大多数人属于后者，人或多或少都有畏难情绪与惰性，而且大多数人都愿意立刻享受满足感。于是，当你有时间可以安逸一会儿时，大多数人会选择先等一等，再拖一拖。

不用我说你也知道，这种心态在工作中不可取。如果前几天不努力，剩下的量太多，周五就难免加班，别人都出去Happy了，自己还要干活儿的滋味可不好受。另外，你不知道什么时候会有突发事件，就像小沈阳说的——“人生最大的痛苦就是，上班的时候没事干，下班的时候活儿来了。”

拖拉、懒惰是高效的杀手，如果你想在职场上有所建树，那就要克服这两种心态。如果凡事能向前赶，打出提前量，你做事就更从容，心态就更平和，否则难免会陷入焦虑着急的窘境。当然，克服人性的弱点是需要代价的，如果能做到，那你就不是一般人了。

关于这个话题还有一个著名的试验。提出“情商”概念的美国心理学家丹尼尔·戈尔曼（Daniel Goleman）做了一个叫“推迟满足感”的试验：给一群4岁的孩子每人一块糖，然后告诉他们主持人要离开一会儿，能等到主持人回来再吃的孩子，还能再得到一块糖。

大部分孩子没等到主持人回来就忍不住吃了糖，但是有一小部分人做到了。后来，戈尔曼又对这批孩子14岁时和进入工作岗位后的表现进行了跟踪调查，发现晚吃糖的孩子数学和语文成绩比早吃糖的平均高出120分，而且意志坚强，经得起困难和挫折，更容易取得成功。

推迟满足感与成功真的有关系吗？

其实也未必，如果主持人说等他1个小时，哪个孩子不吃糖，回来后就给1亿美元，估计白痴也会等。

那我为什么还要在这里提到这个概念？其实，在推迟满足感的过程中，人们学会了控制自己的欲望，学会了暂时放弃一些诱惑，这是一个自我管理的过程。而自我管理往往是一个人取得成功必不可少的一项修炼。

但是，推迟满足感也不等于永不满足，这里面多少有些方法。比如，戈尔曼发现，一些孩子在等待的同时开始做游戏、讲故事，用这种方法转移注意力，而不是一直想着吃糖而不得的痛苦感受。你可以紧张地工作，但也适当给自己点小奖励，比如小酌一下，或者运动一会儿。总之，你可以有很多种方法调节自己，但千万别在不该放纵的时候放纵自己。

我上高中的时候，有位同学很有个性。他很聪明，但要他静下心来学习，他就坐不住了。特别是在夏天，教室里没有空调，这哥们儿闷热难耐，等老师离开教室之后就脱下上衣，然后用课本不停地扇。教室里的女同学都很有意见，但是他还是我行我素，不予理会。

突然有一天，我们发现即使老师不在，他也穿着上衣了。同学们都感觉很惊讶，更令人惊讶的是，高考之后，一向成绩平平的他竟然考上了一所不错的大学。

后来我们知道，他在教室里赤膊上阵的事被校长发现了，校长给他写了两个字，并和他打了一个赌，只要他能做到这两个字，就可以让他在教室中赤裸上身。这两个字就是——“慎独”，校长定的条件是：“即使老师不在的时候，你也要能认真看 20 分钟的书。如果你能做到这点，我就可以允许你脱去上衣凉快。”后来这位同学说，他发现只要认真看书，就不觉得热了。还是应了那句古话——心静自然凉。

也正是从那时起，我开始体会到“慎独”的含义，通俗地说就是，当你一个人独处的时候，你能不能管理好自己，能不能严格要求自己。

由此看来，推迟满足感也好，慎独也罢，其实都是在说我们要能“管”住自己，这也正是我所说的“产品化管理自己”的关键所在，如果你自己都不能管住自己，那还指望谁决定你的命运呢?

8. 你恨自己的拖延症吗?

你有拖延症吗?不好意思承认是吧，我告诉你我有，但是一般人看不出来，甚至连我的老板都没看出来。

> 我在微软 MSN 的时候，有一次老板在会后召集我们一起做团队建设。方法就是每个人都在纸上写出别人的优点，当然是匿名的。然后汇总起来，一个个地“表扬”。
>
> 这是一次很好的自我认知的机会，你可以看到你在别人眼中是什么样子的。到现在我已经忘记别人怎么“表扬”我了，但是老板在总结时的那段话，我至今记忆犹新——“你们有没有发现 Michael（我的英文名）是一个自我管理能力很强的人?他答应几点给你的东西，一定会提前给你……”

当时我心想，原来我在老板心中是这个样子的啊！看起来我的执行能力很强啊。事实也确实如此，每次接到任务之后，我都会安排好时间，并且争取提前完成，以给老板一个缓冲期。

在老板看来，这已经是相当靠谱的员工了！但是我告诉你，实际上我是一个有很强拖延症的人。当我接到任务之后，如果不是很着急的话，我通常不会马上处理，而且即便开始工作，我也会经常溜号。我有时很痛恨自己这个毛病，怎么搞成这个样子了，难道是年纪大的缘故吗？我小时候明明不是这个样子的！

我爸爸是个木匠，当我还在上小学的时候，有一天他去邻村干活儿，那个雇主是我同班同学的父亲。那是个周三的午后，因为那时候我们周三只上半天课，于是上午放学了，我没地方去，就去了那位同学家，这样晚上我就可以和爸爸一起回家。

到了他家之后，吃完午饭，他要拉我出去玩。我说，先把作业写完吧！他感到特别惊讶："你都是放学就写作业吗？我们都是先玩够了再写啊！"我当时也很惊讶："难道不是吗？我从来都是写完再玩啊！"

这是我人生中第一次感受到与别人在"观念"上的冲突，从上面的故事中你可以看到，我的自我约束能力是多么强啊！在很小的时候，在最贪玩的时候，我居然能做到先写作业后去玩，这是多么了不起啊！关键是，长大之后我怎么变了呢？虽然外表还是给人一副严谨的样子，但其实我自己知道，如果按照以前的节奏，我能做完好多事情了！

拖延症，这也是人性的弱点。即便你是一位职业经理人，即便你训练有素，你的心中或许都有放纵自己的欲望。想做到不拖延，这不人性啊！但是我们在职场，你又不得不克服这些弱点，那么有什么办法呢？

你在网上一定可以找到N多克服拖延症的方法，但我想告诉你我觉得最有效的方法。

方法一：马上开始！比如说你在准备一个报告，领导要求你周五交。你的通常做法是不是要先查查资料，于是一查查到周三，开始动笔了，写了几页之后，发现以前查的资料不全，于是又重新开始，这样往往到了周五的时候，你还是没有准备好。正确的做法是，马上开始。马上动笔，先把自己的思路写下来，先把自己的脑袋掏空，能写多少写多少，直到你已经穷尽了自己所有的想法为止。然后按照自己的思路框架，去查询资料，调整结构，补充内容，再润色成章。

方法二：把工作分解，每日严格完成定额。如果你有一个大项目，那你可以把工作分解成若干阶段，然后每日完成既定工作，无论多晚，今日的工作一定要做到“日清日结”；你每天上班的时候，可以准备个 To-Do-List（事项表），按照 1、2、3 的重要级排序，然后每做完一项，划掉一项。今天表单上的事情不做完，绝不下班。当然做完了之后，也绝不做明日的工作，这样你面对重大的工作，就不会有畏难情绪，也不会感到焦虑。

比如我写这本书，这在一般人看来是一项浩繁的工作。十几万字，这要写多久啊！但事实上，只要你马上开始，启动之后，你会觉得一切都简单了。我给自己的计划是每天写 3000 字，雷打不动。而提起笔之后，我发现 3000 字并不是很难的事情，事实上我每天写得往往要比 3000 字还多一些，这样一个月的时间，这本书的草稿就出来了。

克服拖延症其实是有方法的，只要你坚持下去，这不是一个什么毛病。关键是你要找到自己心中所爱，并且立刻去行动！当你养成良好的习惯之后，你会觉得尽早把事情做得干净利索是一件很酷、很有幸福感的事情。

Let's move！让我们行动起来！

9. 让你的注意力集中久一些

不知道你有没有和小朋友一起玩耍的经历，你会发现其实小朋友之间也有很大的差别，而这些差别很可能决定他们未来的人生成就、决定他们的职场命运。

姐姐家的孩子 3 岁，喜欢玩我的 iPad，但是很没有耐心，没多久就大喊："舅舅换一个！"我意识到这样不利于培养他的专注力，就告诉他今天你只能再玩一个，其余的不能再玩了。

不知他怎么点击的，就进入了日历的界面，但看起来他也不知这是什么东西，好在小家伙儿认识数字。我就给他出了一个题目，让他找到 4 月 21 日（当时是 2 月，他需要掌握翻页的技巧），并且告诉他只有找到了，明天才可以继续玩，我问他行不行，他说行。于是他就在日历中胡乱点击起来，日历的界面也随着他的点击做出相应的变化，刚开始他还摸不着门道儿，几次嚷着要“换一个”！每当他提出这个无理要求，我都严词拒绝，理由是他已经答应我了。

但是后来，他发现了进度条的功能，每点击一个小数字，日历就会翻一页，同时日历上对应的日期的底色也会变成灰色。试验了几次之后，他觉得自己发现了这个秘密，笑着看着我，眼中放出的亮光比他看到糖果还要兴奋。这样他很顺利地找到了21日，不过是2月21日，我引导他说，你要找的是4月21日。

于是小家伙儿又开始在里面鼓捣，过了好一阵儿，他终于找到了翻月份的按钮，顺利地找到了4月21日。小家伙儿兴奋得跳来跳去，举着iPad到处跟人炫耀！

整个过程，他坚持了30分钟左右，虽然偶有分神，但基本上是专注于这一项任务。

讲这个故事，是想告诉你人的专注力是可以培养的。如果你已经有了宝宝，一定要注意这个问题，孩子的专注程度，直接决定了他的学习能力，也决定了他日后的成就。如果你还不需要育儿经，那么反思一下自己的成长经历，你小时候有没有被训练过专注力呢？你现在做事情，可以集中精力吗？

为什么关注这个问题，是因为我发现自从有了互联网之后，我的注意力越来越分散。刚开始工作的时候，总是工作一段时间就想刷刷网页，看看又出现了什么新闻；微博出现之后，又是总也忍不住要刷一刷；现在又出现了微信，每天群里总有200多条留言，看到那个小红圈圈的提示，心就痒痒，总也不能集中精力工作。

我逐渐意识到，这已经严重影响了我的工作效率。以前没有这些的时候，我每周可以读一本书，而现在我已经很久不去书店了，家中买回来的书也是很多都没有翻阅就被束之高阁了。以前睡前的阅读习惯，现在都变成了刷微博，我发现自己的整段时间越来越被肢解，我越来越难以专注地做一件事情了。而如果我们不能专注起来，就绝无可能把事情做到极致，这就离我们本书所讲的方法差了十万八千里了。

不知道你是否有和我同样的感受？新媒体的出现，已经大大改变了人类的行为。逆潮流而动是不可能的，但是其实我们可以管理好自己的时间，让自己既能高效地工作，同时也能享受到现代新媒体的便利。我要感谢自己写书的经历，它又把我拽回到专注、高效的轨道上来，分享一下写书的过程给你……

前文所述，为了能按时完成书稿，我计划每天写3000字，雷打不动。一开始，我还真难以集中精力，总是不自觉地去看手机。后来我给自己定了一个规矩，每次集中精力60分钟，在这1个小时里，我关闭网页，不上QQ、MSN等聊天工具，手机放在两米远的地方。我要做的事情，就是在这1个小时之内，专心写作，其他什么事情都不想。刚开始的时候很难受，心里总像是有一只小爪子在挠自己，奇痒无比，但是当我坚持了一周之后，我发现自己的效率越来越高，原来我写3000字可能需要4个小时，而行文至此，我用不到两小时就可以完成了。

其实这个办法也是我从微博上看到的，只不过它说的是每次集中精力20分钟，我觉得太短，就改成了60分钟。当我真的这么做的时候，我发现世界清静极了。想想你自己，每次能集中精力工作多久呢？这真的很重要，如果你想打造自己的价值金字塔，想把事情做到极致，不光要投入时间，更重要的是专注度，这直接决定着你单位时间的产出，决定着你走向成功的速度。

如果你不想每天浑浑噩噩地耗着，那么从现在开始，训练自己每次集中精力1个小时吧，这会给你带来无穷无尽的好处！

10. 学会整理术

——摆脱凌乱的生活

你的办公桌整洁吗？你能让它一直保持整洁吗？

这个问题很重要，至于怎么重要，还是让我们先听个真实的故事吧……

当我在最后一家供职的公司工作，且已萌生了离职的念头，不过还没有很坚决的时候，那是一个相当纠结的时期。朋友与家人都劝我慎重考虑，毕竟裸辞这件事风险太大。我当然也不能不为所动，于是决定“尝试再爱一次”，但是我需要一个改变，一个新的开始，从哪里开始呢？就从收拾办公桌开始，因为那个时候，我的办公桌上已经堆满了文件，杂乱不堪！

那些杂乱不堪的文件，恰似我杂乱的思绪，既然脑子里的事情想不清楚，不如先把外面的东西搞整洁，我需要一个新的开始，这就是我的想法。于是花了一个晚上，终于把办公桌收拾干净了，文件都整齐得摆在文件夹中，桌面擦拭得一尘不染。

不得不说，这确实给我带来了很好的心理暗示，让我顿觉压力小了很多。可是好景不长，不知何时，我的办公桌又开始乱起来了，你不要笑我啊，人的惰性真是很大的，要养成一个习惯不容易啊。而这次面对杂乱的办公桌，我再也没有兴致去收拾，直到我离职，而那时再去收拾办公桌，已经是另外一番心情了……

不知你是否也和我一样，每次面对杂乱的办公桌都想收拾，可每次都保持不了多久。如果是这样，我劝你趁早养成桌面整洁的好习惯。桌面杂乱无章的话，你在工作时会有很多时间浪费在找东西上面。假设你每天找 10 个文件，每个文件找 5 分钟，那你就会浪费近 1 个小时。这也意味着，你可能每天要加班 1 个小时！

很多大公司都很注意规范员工的操作习惯。举个例子，当年我在新浪的时候，互联网的竞争是争分夺秒的，编辑部为了保证编辑在发布新闻时能快于竞争对手，详细地分析了每个编辑的操作流程，然后要求他们使用带有标签功能的浏览器（当时用的是 MYIE），同时规定每个编辑必须把发布系统后台、常用发布网址添加到默认标签中，这样编辑直接点击标签就可以访问相应的网页，而不是要先百度一下，再点击进去，这个环节可以比竞争对手节约3秒钟的时间。

细节决定成败，为什么我说办公桌的整洁很重要，核心就是你要建立起自己的秩序，要能随时找到你想要的东西，这将大大节约你的时间。而养成这个好习惯之后，你会觉得再难的工作也会轻松很多。

还记得我最后一份工作是在年底的时候做了一个大型会议吗？我们要在两个月之内，筹备一场500人的行业峰会，而且我们要做每天常规的本职工作。工作的烦琐程度可以想见。但是我发现有个下属，做事总是有条不紊。她把所有的流程都整理成文档，贴上便签，把交给她的每项工作都列入日程表，然后打印出来，压在自己的键盘下。这样做的好处是，每次我需要任何文件，她总能以最快的速度找出来给我；而且她自己的工作效率也特别高，我分配给她的工作，她总是能很快处理好。

我是一个有焦虑症的人，如果有个大项目在压着我，我会一直比较紧张。但是这姑娘每天看起来都是轻松加愉快，一天下班路上偶遇，她打个招呼就一溜烟跑了，说是要去看电影。天啊，这和苦逼的我简直是两个世界的人啊！我这里成天想着工作，哪有心思看电影啊！

后来我逐渐意识到，如果你能合理分配好自己的时间与工作，你的压力就会被分解掉，你会觉得轻松很多。从这位姑娘的办公桌就可以看出，她是一个很善于规划的人，很善于整理自己的文档、资料；同时她也很善于安排自己的生活，这是一脉相通的。

如果你也是一个有焦虑症的人，学会合理地计划吧，先从整理自己的办公桌开始。如果你养成了良好的习惯，压力再大的工作，也是可以被分解的。你其实可以活得很轻松！

办公桌虽小，但意义重大，最后再分享个故事，让我们一起看一下其中的寓意。

1992 年某个周四的下午，比尔·盖茨来到纽约一所小学，看望那里的师生，并且给全体小学生做了一场励志报告。临走时，盖茨表示，自己会在某个周四的下午再次来学校看望大家，如果发现谁的课桌收拾得最整洁、最有条理，谁就会获得他免费赠送的一台个人电脑。电脑在当时还非常昂贵，大家自然都希望得到。

因此，盖茨走后，每逢周四的下午，大家都会不约而同地将课桌收拾得整整齐齐，因为这是盖茨承诺来访的时间，而其他时间则不愿意动手收拾。但有一个学生却觉得盖茨有可能会在周四的上午就来，于是，每个周四的上午他就开始动手收拾课桌。

之后，他又觉得，盖茨也许会在除周四之外的其他日子里来访，于是他又决定每天收拾一次桌子，可是，每次收拾后不久，桌子便又会乱了。他想，如果刚好这个时候盖茨来了，那么自己之前付出的劳动和坚持岂不是白费了？

于是，他又决定，必须要让自己的课桌每时每刻都保持整洁，这样就万无一失了。可遗憾的是，盖茨一直也没来，其他的同学早就忘了要继续收拾课桌，但这个学生却因此养成了一种随时保持整洁的习惯，并且从此学会了做事一定要有条理性和坚持性，这让他在后来的人生中受益匪浅。

多年以后，他终于再次见到了盖茨，但这次见面，盖茨并不是为了兑现当年的承诺——送他一台电脑，而是来送给他一件更大的礼物——用 2.4 亿美元购买他公司 1.6% 的股权，这还是因为他感激当年盖茨对他的无形影响而做出的让步。不错，他创立的公司就是 Facebook（脸谱网），世界第一社交网站，而他则是马克·扎克伯格。

习惯是一个人思维和行动的真正领导者，良好的工作习惯，将使你一生受益。那么现在，从收拾你的办公桌开始吧，看看你能否让它一直保持整洁。如果中间出现了反复，你就要想办法改进，并养成习惯。这与本书讲的“把事情做到极致”的逻辑是一致的，这是因为，在寻找并坚持梦想的道路上，你也可能会出现反复，你需要养成习惯，来让自己一直保持前行的姿态……

行文至此，我们已经系统地阐述了自我管理的 TRM 系统，让我们简单回顾一下。

首先你要懂得利用 WBS 来分解任务（Task），分解到每一项具体的、可操作的工作包中；然后给这些工作包分派资源（Resource），其中最重要的是时间资源，你要懂得如何设置里程碑，如何控制截止时间，以及如何管理自己的精力，当然你还要在职业生涯中积累自己的人际关系资源，必要的时候考虑如何利用这些资源帮助自己；最后你还必须修炼强大的心智（Mind），要懂得对自己狠一点，做到能够慎独并推迟满足感，克服拖延症，集中注意力，摆脱凌乱的生活。

花了如此大的篇幅来写“心智”部分，再次强调，如果你内心不够强大，意志不够坚决，本书的方法再好，对你也是无效的。

关于“心智”这部分，还有一个重要的话题——逆商。鉴于它非常重要，将单辟一章来阐述，详见第五章。

小工具

办公桌的整洁就不用教了吧？市面上也有很多关于整理类的书，比如《佐藤可士和的超整理术》，里面就有很多方法可供参考。其实，老可是在用办公桌做一个类比，核心要说的是你的文档管理能力。这里介绍一款软件，非常实用。英文名叫Evernote，中文名叫印象笔记。你可以在App store中下载，同时也有PC版。它可以让你把Word、Excel、PPT、Picture等各种文档通通丢进去保存，而且还可以分门别类地建立文件夹，还可以实现PC与移动设备的同步；更重要的是，可以实现搜索功能，如果你需要一个文档，输入关键字就可以找到。希望这款小工具可以帮你变成一个善于归类整理的人，提高工作效率！

测一测

1. 你对自己够狠吗？

没有自律能力的人常常生活在一团乱的生活中，拖延、透支生活、浪费时间、工作完成不了。拥有自律能力才能更好地掌控生活、驾驭未来，让我们来了解自己的自律能力，学会掌控自己的时间、工作和生活。下面这个小测试可以帮助您了解自己的自律能力，赶快测一测吧，看看自己处在什么水平！

1. 当你因为娱乐耽误了计划好的重要工作，你会不会后悔？

2. 当被人要求做一件事情，并且你知道这件事情有很大的难度时，你是否会认为这是一项有趣的挑战？

3. 如果某项工作应当在当月 5 日完成，但你知道即使 6 日完成也没有人批评你，你会在 5 日完成吗？

4. 你经常仔细地计划你的资金吗？

5. 你通常能准时缴付各种账单吗？

6. 你是否善于记录、存放各种资料？

7. 如果要用某一证件，你能否在一两分钟内找到它？

8. 如果需要赶一项任务，你能否一连数天每天工作 12 小时以上？

9. 你能够经常主动做一些分外工作吗？

10. 你能长时间自动自发地工作吗？

11. 你是否在没人要求之下，为自己设定工作目标及完成截止时间？

12. 你是否经常计划如何使用你的时间？

13. 你今天是否做了时间支配计划？

14. 如果某件事情你不乐意去做，但有上司要求你做，你会拒绝吗？

15. 你总是能专注地工作，不会受到外界干扰吗？

16. 如果某项工作很重要，即使没人强迫你，你也会自发地做好它吗?

17. 有一项重要的工作需要加班，而这天晚上恰巧又有你非常喜爱的球赛，你会选择加班吗?

18. 碰上棘手的难题时，你总是首先想办法自己解决吗?

19. 你需要一些资料却无法得到，你会立即找人提供帮助吗?

20. 你不存在多次决心做某件事却最终因为主观原因没有做成的情形，对吗?

评价:

回答“是”得1分，回答“否”得0分。

15~20分：自律能力强。你拥有很强的自律能力，这将是你今后取得成就的重要特质，请继续保持并养成良好的习惯。需要提醒的一点是，成功不仅仅靠汗水，也靠一点点运气，有时候别太钻牛角尖，退一步也许会海阔天空。

10~14分：自律能力一般。你有一定的自律能力，但往往在关键时刻差那么一点点，容易在坚持一段时间之后放纵自己。其实成功有时候就差那么一点点，坚持住!

5~9分：自律能力较差。你往往管不住自己，但又有意愿改变。那么从现在开始，严格要求自己吧! 你可以先从小处做起，取得一点成绩之后就奖励自己一下，一点一滴地积累，你会感觉到成长的快乐。

5分以下：自律能力很差。你基本没有自律能力，你的人生将处于失控的状态，禁不住诱惑，不知将漂向何方，再不回头，后果不堪设想。

2. 你有拖延症吗?

明明知道那么多事情堆在眼前，该完成的工作、该整理的衣橱、该赴的约会，或者只是一个该打的电话、一封该回复的邮件……可就是不去行动，事情越积越多，心情越来越焦虑……

哪里有尴尬和不舒服，哪里就潜伏着拖延的可能性。此测试能帮助你更好地了解自己的拖延症程度，请根据自己的实际情况进行评估并做出选择。战胜拖延的第一步就是了解自己的拖延现状，赶快开始自我评估吧！

问题	从不	偶尔	有时	经常	总是
1. 不到最后期限不交活儿。	1	2	3	4	5
2. 准备外出时，不到最后一刻，我很少做好准备。	1	2	3	4	5
3. 处理问题不分主次，忙了半天，最紧要的事却没做。	1	2	3	4	5
4. “伪加班”，白天可以做完的事，总是拖到下班后加班做。	1	2	3	4	5
5. 做决定的时候犹豫不决。	1	2	3	4	5
6. 早上到了起床的时间，我死活都起不来。	1	2	3	4	5

7. 每当同事或上司询问工作进展时，经常说“让我再看看”。	1	2	3	4	5
8. 办公室里零食一大堆，上班时间经常吃零食。	1	2	3	4	5
9. 要做事时，脑子里能冒出各种理由：现在先做别的事，这个稍后……	1	2	3	4	5
10. 跟别人约会见面我会迟到。	1	2	3	4	5

测试结果：

10~20分：轻度拖延。你的拖延症程度还比较浅，平时对自己的控制能力还不错。不过也要当心了，如果生活再遇到拖延的情况，要快点找到原因，将它扼杀在萌芽中。

21~40分：中度拖延。拖延可能已经成为你的一种习惯，你的生活和工作受到拖延症的影响比较大，必须好好重视起来，并改变现状。建议你仔细思考拖延的原因，一条条记录下来，同时可以参考一些关于拖延症的书籍，如《拖延心理学》《终结拖延症》等，找到适合自己的方法。改变需要时间和耐力，相信自己，努力改变一定会有收获。

41~50分：重度拖延。你的拖延症已经非常严重，严重影响到生活、工作，甚至会产生焦虑、自责、抑郁等心理问题，建议重新审视自我，认识到拖延症对生活的伤害，怀着强烈的决心去解决它，确定可操作而非模糊的目标，一步一步去实施，为困难或者挫折做好心理准备。

另外，现在的工作和生活可能不是你想要的，建议进行职业或者生活定位，改变现有生活状态。

第五章

逆商：你能扛住多少挫折与磨难

如果有些烦恼是你无法解决的，那不妨接纳它们的存在，容忍它们的存在，习惯它们的存在，忽视它们的存在。把你的精力集中到你所热爱的点上，集中到工作中那些让你快乐、让你有成就的点上，集中到那些你真正在乎、真正想要的点上！

1. 抑郁时你还笑得出来吗?

你一定有过情绪低落的时刻，比如说失恋了，亲人生病了，或者丢失了心爱的东西……当情绪陷入低谷的时候，你还能笑得出来吗?

2001 年 9 月 11 日，震惊世界的“9 · 11”事件发生了。在纽约的地标性建筑双子塔轰然倒塌的那一刻，所有美国人都陷入了无穷的恐惧与悲哀之中。

9 月 12 日，一位年轻的妈妈芭芭拉 · 弗雷德里克森焦急地踏上回家的列车，列车上全是航班延误的旅客。那一天，这群陌生人交谈着，分享自己所知道的关于“9 · 11”的故事。坐在芭芭拉身边的是一名男子，男子问她下一次坐飞机会是什么感觉?人们还能和从前一样吗? 正当芭芭拉思考这些问题的时候，她突然听到了一阵笑声，而且还时不时地从不同的地方传来。

“人们在笑，你听到了吗？”芭芭拉问她的同伴，“人们在笑，我认为他们已经和原来一样了，虽然受伤了，但是仍然和以前一样。”

这是个真实的故事，故事中的主人公芭芭拉·弗雷德里克森是一名心理学家，著有《积极情绪的力量》一书，积极心理学之父马丁·塞利格曼称她是“积极心理学领域中的天才”。她仔细研究人们在“9·11”事件中的情绪变化，最后得出结论，那些恢复较快的人都具有积极的情绪。

芭芭拉通过调查问卷筛选出了一批具有“韧性”的人，这些人被认为是内心坚强的。他们在对“9·11”事件的调查反馈中，确实表现出了比其他人更容易从痛苦中恢复过来的特征，而芭芭拉认为“在具备韧性和不具备韧性之间，最关键的差异是他们的积极情绪”。而这些坚韧的人，日后也更容易在生活中取得成功。

“9·11”事件确实悲惨，大部分美国人都很难过，但还是有人可以“笑得出来”。你觉得自己具备这种积极的情绪吗？具备这种从悲伤痛苦中迅速复原的能力吗？如果是你，在那个时刻，是否还能笑得出来？

我们很难遇到“9·11”这种灾难，但在职场中让你郁闷的事情还是有很多的。即便你是个再乐观的人，也总会有不开心的时候。我就有过这样的经历，在大半年的时间里，一直处于抑郁的状态，当时并没有意识到，后来想想那时至少已经是轻度抑郁症的表现了……

> 前文我写到了自己职业生涯决策过程的故事，你可知道在思考这一决策的过程中，我其实一直处于抑郁的状态吗？这抑郁来自哪里呢？很复杂，千头万绪，总之我就是高兴不起来，任何事情都无法让我提起兴致……
>
> 后来在得知我要离职的时候，领导找我谈了几次话。谈到后来重点已经不是我是否要离职了，而是我的情绪——“你的生命中，应该多一抹亮色。”她的这句话，至今让我印象深刻。

我一直很感激这位领导，她总是能为员工着想。那句“你的生命中，应该多一抹亮色”也成了我离职之后做的第一件事，我要重新找回自信与阳光的状态，于是我开始跑步、打篮球、参加培训班……

说来也怪，当我离开那个自己不喜欢的工作环境，投入到自己喜欢的事业中去的时候，我的情绪一下子好起来了，家人都觉得我像换了个人一样。现在我还清晰地记得，那段时间我每天很早就起床，然后去跑步，虽然我觉得跑步很无趣，但是那种置身于大自然的感觉，那种每天晚上“怀着梦想睡去，抱着希望醒来”的感觉，实在是太让人陶醉了，我很高兴自己勇敢地迈出了这一步！

如果你也在为工作中的某些事情不开心，甚至是郁郁寡欢无法自拔，那么想想那个“9·11”的故事吧，在那种极度的恐慌与绝望中，人们居然还可以笑出来，这足以说明我们天性中乐观的成分。你所要做的就是调整好自己的心态，去迎接明天的太阳！

2. 你的逆商如何?

谈到调节情绪，必须谈及一个概念——逆商。它与本书的核心思想密切相关，是我们前文提及的自我管理 TRM 中“心智”部分的重要一环，也与本书核心思想息息相关——建立价值金字塔、把事情做到极致，都需要极大的毅力与坚持，这其中少不了挫折与磨难，如果逆商不高，你能扛得过去吗?

> 逆商（Adversity Quotient，简称 AQ），人们面对逆境时的反应方式，即面对挫折、摆脱困境和超越困难的能力，是美国职业培训师保罗·斯托茨提出的概念。
>
> 斯托茨提出了一个“CORE 模型”——控制（Control）、归属（Ownership）、延伸（Reach）和忍耐（Endurance），简称 CORE。控制，对逆境的控制能力；归属，逆境发生的原因和愿意承担责任、改善后果的情况；延伸，对问题影响工作生活其他方面的评估；

忍耐，认识到问题的持久性以及它对个人的影响持续的时间长度。

逆商是衡量一个人超越任何挫折的能力。同样的打击，逆商高的人产生的挫折感低，而逆商低的人就会产生强烈的挫折感。为了更好地理解这个概念，举个例子吧！

电影《杜拉拉升职记》中有一个片段，徐静蕾饰演的杜拉拉在准备办公室装修，她把供应商的名单报给玫瑰（莫文蔚饰）看，玫瑰看了之后，把杜拉拉劈头盖脸一顿臭骂："这么小的事情你自己不能定？你这样给我，我怎么定啊？你呢，要把每一家的advantage（优势）、disadvantage（劣势）、reputation（信誉）、risk（风险），analyzed（分析）之后，然后给我做final decision（最终决定），你不要再给我这些没加工过的资料，让我做你该做的事情啊，你的工资分我一半吗？不是啊！Don't waste my time!（别浪费我的时间！）"

外企就是这个范儿，说句话中英文一起蹦，为了保持原汁原味，我把电影中的台词原封不动地拷贝过来。你是否能感受到玫瑰那严厉的斥责呢？如果你是杜拉拉，会怎么想呢？情绪又会怎样？

你会觉得这件事自己无能为力吗？那么多资料，那么多供应商，你一个新人，怎么应对得了呢？还是你觉得一切都在自己的掌控之中呢？你是觉得错在玫瑰心情不好，自己恰巧赶上了一个倒霉的节点，还是自己工作没做好，确实不够到位呢？你是觉得被老板批评了，肯定影响了自己在她心中的形象，从此觉得暗无天日，做什么事情都情绪低落，食不甘味、寝不能寐呢？还是觉得这件事仅仅局限于此，老板是就事论事，你把工作做好就会补救回来呢？你是要沉寂很久，一直情绪低落，还是转瞬就释然了，然后集中精力投入工作呢？

其实上面这些问题，就是围绕 CORE 模型提出的，如果你的选择都是前者，那你的逆商指数就很低了，你真的需要好好反思一下自己，让自己变得更坚强一些；如果你的答案都是后者，那么恭喜你，你具有很高的逆商指数，把这种心态保持下去，你一定会在职场上取得自己的成功！

让我们看看电影中，杜拉拉是怎么做的吧。镜头切到杜拉拉家中，已经很晚了，杜拉拉在写博客，题目叫“是玫瑰总会绽放”，她写道：“玫瑰虽然严厉，但她是一个好老板，好老板的标志就是能从她身上学到东西，而好员工的标志就是——和领导保持高度一致！”

再之后玫瑰休假，杜拉拉一个人扛起了装修的重任，并不辱使命。装修当天，她与王伟（黄立行饰）大吵一架，之后王伟去找她，驾车送她回家。王伟问：“你这么拼是为了什么？”杜拉拉回答：“这不是工作嘛，是工作就要做好！……我只是觉得努力才有成功的可能，不努力连可能都没有……”

你可能觉得杜拉拉有点二，但其实她的逆商还是很高的。她在被玫瑰痛批之后，情绪并没有受到太大的影响，相反把注意力都集中在如何把工作做好上面。这对她以后的升职起到了至关重要的作用。

如果你也想在职场上走得更远，想在追逐“真爱”的道路上一直走下去，就必须想办法提高自己的逆商，原因很简单——这一路上你要受很多伤，我们的时间不是用来疗伤的，你要尽快振作起来……

3. 逆商是可以培养的

——积极情绪的黄金比例

如果目前的工作令自己不开心，是否换到自己喜欢的工作就会一直情绪高涨、工作积极呢？既然我们讲要提高逆商，是否要百分之百消灭负面情绪呢？

讲个故事，你一定能看得出我千辛万苦走上了创业这条路，这应该是我喜欢的吧，我不是也说过每天“怀着梦想入睡，抱着希望醒来”吗？这是多好的状态啊，应该一直兴致高涨才对吧，其实闹心的事情多着呢。

公司注册要有注册地址，但这对我来说不是难事，因为我在北京有一处商业房产。但不合理的是，你要有租房协议，而且要缴纳房租，你还必须拿着这个协议去缴纳印花税。房子是我的，我还要租给我自己不成？规定不合理我也就认了。

没承想，办税当天，意外发生了。税务局说我们这处房产已经注册公司了，让我回去提供证明。当时我就晕了，房子是我的，别人怎么注册的公司？如果别人能注册公司，那他是不是冒充了我的资料，你们事先不核实，现在我这个真正房主来了，你要我自己提供证明？

好说歹说就是不行，当时我气得火冒三丈，站在大厅中把工作人员一顿痛斥。刚刚那对颐指气使的中年夫妇，加上旁边几个工作人员，都不说话了，整个大厅里鸦雀无声。发飙了又能怎样？出气了又能怎样？规定还是规定，我这孤单的肉身，能拧过这冰冷的制度吗？

我马上冷静了下来，我来这儿是办事的。没必要浪费时间，开车走人开证明。下班前给他送回来，总算是办完了！开个公司，我像这样发飙已经三次了，有些东西明明不合理，但是你又改不了，有什么用呢？

我以前脾气挺好的，没想到创业之后这么差。不过现在我已经磨炼出来了，偶尔也生气，但是不会真的过后还一直气呼呼的。我是来生气的吗？我是来办事的，是来解决问题的。我没时间，我知道我要去哪儿，这些都是路上小小的石块而已，犯不上让它们硌到脚。

你也是如此，无论处于什么行业，无论做何种工作，无论是否喜欢自己的工作，你都不可能每天都是开心的。但是你要做的是，快速调整自己的情绪，千万不要让自己陷入负面情绪的包围之中，久久走不出来，这样丝毫解决不了问题，而且你还会很痛苦。

既然做自己喜欢的事情也可能发脾气，那我们能做的事情是什么呢？要消灭负面情绪吗？不可能，你根本做不到的！事实上，你既做不到，也没这个必要。

> 适当的负面情绪是必需的。在远古时期，人与野兽共同生活在一起，如果某天你遇到一只老虎，你会本能地感到恐惧。恐惧会让你的肾上腺素加速分泌，让你心跳加速，血液涌向四肢，给你充分的力量让你逃跑。如果发现自己无路可逃，你会变得愤怒，会调转枪口，准备战斗。这就是我们古人面对压力时的“Fight or Flight（战斗或逃跑反应）模式”，这种模式融入了我们的DNA之中，成为我们无法摆脱的习性。

所以说，负面情绪本身也是情绪的一种，它是天然存在的，你无法消灭它，只能适应它。既然如此，我们所提倡的阳光心态、积极情绪，还指什么呢？这其中还真有一个秘密，那就是积极情绪与负面情绪的比例。

我们都知道，水结冰的临界点是0摄氏度，低于0摄氏度，水就结冰；高于0摄氏度，冰就融化为水。其实情绪也有一个临界点，当高于这个临界点时，你就会觉得自己的状态不错，整个世界都是阳光明媚的；而当低于这个临界点时，你可能会觉得压抑、觉得郁郁寡欢。那么这个临界点究竟是多少呢？

前文所说的芭芭拉·弗雷德里克森这位专门研究积极心理学的专家，做过一个实验。她有一个合作伙伴叫马歇尔·洛萨达，专门用数学模型研究高绩效团队的特点。两人合作之后，研究出了一个结论——当人类的积极情绪与消极情绪的比例大于3∶1时，人类就能够在积极情绪的滋养下走向欣欣向荣（Flourish）；而当这一比例低于3∶1时，人类则趋向于走向枯萎（Withered）。

两人为了验证这一数据的科学性，并没有局限在商业团队的绩效中，还把结论应用在了婚姻关系中，结果依然有效。那些积极比例高于3∶1的家庭，明显更加幸福；而那些低于3∶1的家庭，则有家庭不睦、离婚率增加的表现。

3∶1，且不管这一理论是否科学，这并不妨碍我们认识自己的情绪与状态。可以做个尝试，找一个本子记录一下自己在一周之内的情绪状态，积极情绪与负面情绪都记录下来，然后标注一下自己在两种情绪中的时长，周日做一个总结，看看自己的积极情绪与消极情绪的比例是多少。可能你的临界点并不是3∶1，你要达到4∶1的时候才会整体感觉良好，那都不重要，重要的是，你正学会在整体上调整自己的情绪状态。

以前看过一则故事，说一个孩子的脾气很大，后来爸爸给他两个瓶子和两种豆子，一种是红豆子，一种是绿豆子。当他生气的时候，就放一颗红豆子到瓶子中；当他克制住自己没有发脾气的时候，就放一颗绿豆子到瓶子中。

刚开始的时候，瓶子中的红豆子很多，后来孩子逐渐意识到问题所在，慢慢克制住了自己的愤怒，瓶子中的绿色豆子开始增多。到了后来他的绿豆子用完了，而红豆子还剩了好多。

这是一个很好的自我调整的方法，它让你可以看见自己的情绪。如果你愿意，类似的方法还有很多，比如贴纸条啦，记日记啦，贴笑脸啦，等等。只要你有意识地开始控制自己的负面情绪，你就会变得越来越开心、越来越乐观，你的职场之路、人生之路也会变得越来越顺畅！

4. 调节情绪的“小熊 T 恤”

虽然前文讲授了积极情绪的黄金比例，但并没有讲述调整情绪的方法。你可能要问，我也知道该让自己乐观起来，但就是做不到，我该怎么办？其实老可有自己的方法，这些方法可都是我在培训课堂上讲授的哦，今天免费和盘托出，我要送你一件“小熊 T 恤”，只要穿上它，你就会感到快乐无比，不信试试看哦……

你有没有发现，情绪跟环境有很大的关系？你可能在某些场中就是不舒服的，就是情绪低落的。比如你看到像鸽子笼似的工位就觉得心烦意乱，看到拥挤的地铁就觉得紧张，我想你一定会找到类似的情境。

日本广岛市一度是犯罪高发地带，但自从民警想出一个好主意之后，犯罪率降低了 30%。这一街区原先使用白色荧光灯作为路灯，后来，警方将路灯换成了蓝色荧光灯管。从那儿以后，自行车失窃等案件发生率明显减少。蓝色有镇定安神的作用。当地警方认为，蓝色灯光能抑制人的冲动，从而起到降低犯罪率的作用。

为了验证这一说法是否准确，人们做了一个实验，把实验对象分为两组，让他们分别走入红色与蓝色的屋子，并告诉他们要在其中待够 20 分钟，如果自己觉得时间到了，就可以走出来。结果，实验开始之后，红色屋子里的人明显觉得烦躁不安，他们平均在屋子里停留了 16 分钟就跑了出来；而在蓝色屋子里的人则要安静得多，有些人甚至睡着了，他们平均待了 27 分钟才走出来。

由此可见，环境的确会影响你的情绪，那么你若想让自己保持积极的情绪，就试着找一个自己喜欢的环境吧。这个环境就成了你自我修炼的场所，你可以经常走进去放松一下；也可以在自己心情不好的时候，走进去“疗伤”。你甚至不需要一个物理意义上的场所，只需要在自己的脑海中“建构”这样一个场景即可。只要闭上眼睛，一想到那个场景，你就会觉得舒适、放松、安静。

你的需求同样可以影响你的情绪。想想看，过年时男孩子可能想要鞭炮，而女孩子则希望得到新衣服，如果你一直期望新年这天能得到礼物，但是到了那一天突然发现自己什么都没有得到，你会怎样呢？哭闹、发脾气？我相信什么都是有可能的！

> 有一个电视试验，主持人让家长告诉孩子，在他们睡觉的时候，家长吃光了所有的糖果，然后记录下孩子们的反应。观看这段视频能把你笑到肚子痛，大部分孩子得知这一消息之后的第一反应都是俯下身、低下头，很沮丧，然后开始大哭大闹；还有些小朋友表情木讷，在生闷气；还有些表示不相信，质问妈妈那么大一堆糖果，你怎么能都吃完呢？更有甚者开始对妈妈发起人身攻击，斥责她是个自私的妈妈……

佛曰，“求不得”乃人生八苦之一。如果需求得不到满足，你的情绪通常会受到影响，我们小时候如此，长大了也是一样。譬如你想加薪、休假，老板不同意，你会不会受到打击、会不会觉得情绪低落？这是肯定的！你能做的是什么呢？这时候最好仔细想想，你的需求是否是你真正想要的？如果是，那你有什么办法，能够通过努力得到它；如果不是，那不妨放弃，或者调整自己的需求，你的负面情绪就会被化解了。

你也可能会问，需求是我想要的，但是无论通过何种努力都不能实现，难道我就要这样一直痛苦下去吗？当然不是，其实，你未见得“穷尽”了所有的努力，你是否利用了所有资源、想尽了一切办法来实现你的目标呢?

一小孩儿搬石头，父亲在旁鼓励：“孩子，只要全力以赴，你一定能搬走它！”小孩儿不管怎么努力，终究还是搬不动。他对父亲说：“我已经拼尽全力了！”父亲摇了摇头，说：“事实上，你还没有全力以赴，我在你旁边，你却没有请求我的帮助，何谓全力以赴？就是想尽所有可能有效的办法，用尽所有可以使用的资源。”

微博上的这个小段子，你可能看过。当你觉得自己全力以赴的时候，真未见得如此。事实上，如果我们真的全力以赴，大部分问题都是可以解决的。

即便你如何努力也得不到，“求不得”已经是客观事实了，但是“苦不苦”却是你的自由，你无法调整“求不得”，但是你却可以调整自己的情绪，让自己不觉得苦。这就是我们所说的第三点了——信念，而这其中涉及一个情绪 ABC 理论。

情绪 ABC 理论是由美国心理学家埃利斯创建的，该理论认为，激发事件 A（Activating event）只是引发情绪和行为后果 C（Consequence）的间接原因，而引起 C 的直接原因则是个体对激发事件 A 的认知和评价而产生的信念 B（Belief），即人的消极情绪和行为障碍结果，不是由于某一激发事件直接引发的，而是由于经受这一事件的个体对它不正确的认知和评价所产生的错误信念所直接引起的。错误信念也被称为非理性信念。

上面一段解释很拗口，老可来段通俗演绎。说两个秀才进京赶考，出门都恰好遇到一家人办丧事，看到一口棺材。其中一个秀才觉得棺材很晦气，今天不吉利，于是打道回府了，没有参加考试；另外一个秀才喜出望外，觉得“棺材棺材，升官发财”，于是兴冲冲地去考试，最后金榜题名。

当然这只是个故事，但你可以从中看出一些道理。你没有办法改变事实（看见了棺材），那就调整自己的认知吧（棺材的意义），比如那两个秀才面对棺材时不同的情绪反应。再说“求不得”，这是事实，但你可以调整认知，不必让自己那么痛苦，因为事实与情绪感受，本身就是两码事，何苦折磨自己呢？

关于情绪 ABC 理论，其中还涉及了很多不合理信念的类型，包括针对这些不合理信念的调整方法，以及心理学中的一些换框技术等等，这些老可就不写了，感兴趣的读者可以自己搜索，当然请老可去培训也是可以的，不胜感激了！

说完了认知，我们说行为。还记得前文提及的、基于一个真实的心理学实验的电影《死亡实验》吗？根据斯坦福大学监狱实验改编的。虽然前文借此论述的是工作对人的改变，但用在这里也同样适用。行为，同样可以改变情绪。

如果某天你失恋了，很悲伤，但是你不希望有人看出这一点，于是你上班后很灿烂地和前台打招呼，见到同事你爽朗地问候。下班后，你请大家去K歌，你又唱又跳地吼了首《动起来》，包间的气氛被你带得High到了极致……

想想看，在同事眼中，你是快乐的吗？答案是肯定的，他们一定觉得你有什么好事瞒着大家；而你自己呢，你会觉得难受吗？可能内心深处还有一丝丝的痛，但是如果你一直这样“演”下去，奇迹会出现的，你会发现自己比以往要更快地走出失恋的阴影。这就是行为的魅力。

关于这一点不需要我来论述，理查德·怀斯曼的《正能量》一书里，通篇都是在用各种心理学实验论证一个观点——行为决定情绪。如果你感兴趣，可以找来看看。我自己试验过之后，觉得还是有效果的。在情绪最低落的一段时间里，我出门上班时都要对着镜子笑一笑；走路的时候，不停地对自己说，Cheer up！Cheer up！（振作起来！）真的，说多了之后，确实感到自己心情好了一点……

讲到这里，你有没有发现，我们已经把那只“小熊”拼接出来了，整理下思路：环境（Environment）、需求（Requirement）、信念（Belief）、行为（Action），每个单词我们取首字母，顺序来回倒一倒，是不是可以组成一个 Bear（小熊）？

你要问了，不是“小熊 T 恤”吗？那个“T 恤”呢？别着急啊，如果上述办法你都试验了，还是高兴不起来。那我劝你也别想了，睡一觉休息一下吧，爱咋咋地！After all, tomorrow is another day！（不管怎么样，明天是新的一天！）明天是新的一天，没什么大不了，时间会治愈一切！

这样你就有一件“T-Bear”小熊 T 恤啦（图 5-1），当你情绪低落的时候，想想老可送你的这件 T 恤吧，你一定会开心起来的！

图 5-1 调节情绪的“小熊 T 恤”

5. 学会与烦恼和平共处

相信你在微博上一定看到过这幅图片（图 5-2）吧，名字叫《其实你什么都不用担心》，虽然这幅图比较搞笑，但也有一定的积极意义。仔细看看，其实这幅图中最难的一环是那些你无法解决的烦恼，面对这些问题，我们应该怎么办？

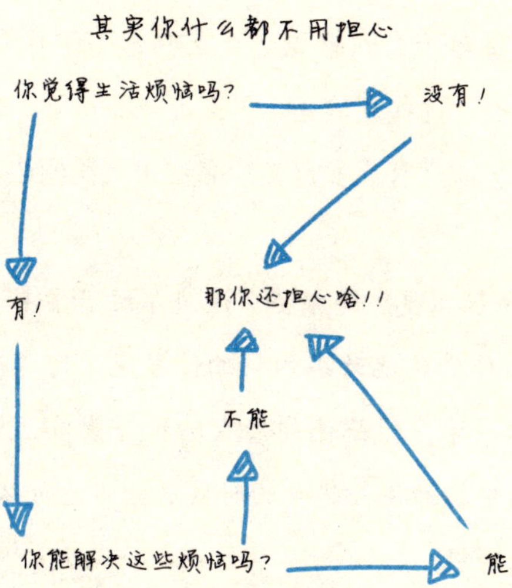

图 5-2　万能情绪调节法

前段时间跟朋友聊天，一个公务员女生抱怨，单位里人事关系比较复杂。自己觉得心里不平衡，如果不想往上升吧，干吗要做公务员呢？如果想把脑袋削尖了往上爬，位置名额有限，难免要踩下去几个才行，怎奈自己内心又不屑于这种方式，于是很纠结，在微信群中一顿倒苦水。

朋友们接连安慰，其中一位公司中层说："一定要明白自己要什么，有得就有失，只有知道要什么之后，你才知道如何处理。"最后大家的共识是，无论在哪里，都有你不喜欢的人，都有你看不顺眼的事情，你只能去适应。

不知道你是否有同感呢？工作中一定有不开心的事情吧，一定有烦恼吧，这些烦恼还很可能无法解决吧？那你要怎么办呢？有部电影非常有启发意义，名字叫《美丽心灵》……

《美丽心灵》是根据"诺贝尔经济学奖"得主约翰·纳什的传记改编的。纳什发现了博弈论，是一位数学天才，但是他却患有精神分裂症，他经常会出现幻想、幻视，严重的时候区分不清什么是现实，什么是幻想。

总会出现的幻想人物有三个，一个是纳什的室友查尔斯，一个是五角大楼的特工，一个是室友的小外甥女。纳什幻想自己接受了五角大楼的秘密任务，要在报刊中寻找密码，并提供给五角大楼，以保卫国家安全。纳什为此陷入了疯狂，有一次他差点淹死了自己的孩子。

妻子劝他回到普林斯顿大学，于是纳什找到当年的老同学马丁。马丁已经成为普林斯顿大学的领导，他接纳了纳什，并安排他在图书馆工作。过了一段时间，纳什病情好转。马丁甚至发现纳什在图书馆里给同学们讲课，虽然范围很小，但是周围的四五个学生听得入神，时而哈哈大笑。纳什问马丁自己可以回去讲课吗？马丁有些担心纳什的状态，问："他们（幻觉）消失了吗？"纳什说："不，他们没有，或许永远也不会消失，但是我已经习惯不理会他们了。因此我想他们也已经放弃了我。"

纳什的故事值得我们所有人学习。对纳什来说，那些幻想是他摆脱不了的苦恼，这恰如我们工作中解决不了的烦心事，但是纳什选择了与它们和平共处，选择了不理会。这对于一个精神分裂的人来说，需要怎样的意志力？我们无法想象纳什为了实现"不理会"这三个字所做出的努力，但是他确实做到了。

虽然有病，但纳什让自己习惯了这些苦恼，并且生活得像正常人一样。电影中当纳什结束获奖感言之后，站在大厅里与人告别。妻子走过来，纳什给她穿上衣服，他又看到了那些幻想中的人，妻子问:“怎么了？有什么不对的吗？”他说:“没有，什么都没有。”

与烦恼和平共处，这是职场人必修的一课。如果有些烦恼是你无法解决的，那不妨学学纳什吧，接纳它们的存在，容忍它们的存在，习惯它们的存在，忽视它们的存在。把你的精力集中到你所热爱的点上，集中到工作中那些让你快乐、让你有成就的点上，集中到那些你真正在乎、真正想要的点上！

要知道，世界上没有任何工作是完美的。我们必须习惯与不完美共处，并在不完美中追求属于我们自己的东西。

6. 好工作是熬出来的!

任何工作都有好有坏，我们不能因为一点点瑕疵就否认它是一份好工作。相反我们要往积极的方面去想，甚至只要它还有一点好的地方，而这一点也是你看重的，你就要尽最大的努力，把它做好。

在这一点上，我很佩服我的老领导。创业前我的最后一份工作，做到一半的时候遇到一些难题。一天晚上我正在开会，突然电话响了，我一看是领导打来的，她和我交代了一些事情，最后和我说了句："要把工作越做越简单。"

事后想起来很是感慨，我这领导怎么这么潇洒呢，她怎么能越做越简单呢？可是后来通过我的观察，她确实是这样。她刚到单位时候，是空降的，接手的摊子上一堆问题。但是她只找了几个合适的人做总监，便很快把娱乐、时尚、财经等频道做了起来，而且还做得风生水起。

每次见到她的时候，她总是嘻嘻哈哈地给我们讲一些工作上的趣事与八卦。感觉她每天没有什么烦心事，总是能化繁为简、举重若轻。其实她那个职位，高处不胜寒，她承受的压力大着呢，她的烦心事多着呢，只是她总有办法把它们理顺罢了。

“把工作越做越简单”，这是我在她身上学到的很重要的一课。我们很多人都抱怨自己的工作不好，但是你有没有想过，你可以为工作做点什么，你可不可以把一份“不好的工作”变成“好工作”？这其实是可能的。就像我的老领导，在职业生涯中，我感觉她总是在救火。她去的地方多半是个烂摊子，但是每次她去了之后，总是能通过自己大刀阔斧地整改，把工作慢慢理顺，然后进入自己的节奏。如此一来，原来那个烂摊子，就变成了一份“好工作”。

好工作是干出来的。再举个直观的例子，你可能会感受得更深刻。

原来有位同事，工作上认真负责，业绩突出，但是人比较自我，总是与别人吵架。部门内部、公司内部，都有几个吵到脸红的人。可以想象一下，他在公司心情能好吗？吵过一次架就好比是在木板上钉了一颗钉子，虽然和好了，钉子拔了，但那个洞还在。

他一度很痛苦，曾私下里和我抱怨，觉得自己在公司干得不开心。按照常理这份工作对他来说就不是一份“好工作”，你可能觉得这哥们儿会离职是吗？按照“此处不留爷，自有留爷处”的逻辑，很多人会一走了之。

但是这哥们儿有股倔脾气，他非但没离职，工作还很卖力气，他一直在公司干，干到与他吵架的人都陆续离职了，甚至连我这种与他和平共处的人也离职了，他成了部门的元老，公司不得不让他当了负责人。而在这个过程中，他部门的岗位，所有新人都是他招聘的，他只招自己看着对眼的人，这下关系和谐了，他变得如鱼得水。

这是一个真实的例子，看了之后你有什么感受？这个例子可能有点极端，但绝对能说明问题。工作不都是人干出来的吗？你想要它怎样它就会怎样。不顺心的人，不顺心的事，都被你熬走了，你不就满意了吗？用点笨方法，困难这事儿，得看谁耗得住。

工作中遇到了什么不开心的事，首先要学会与它和平共处，然后在适当的时机能做出改变的就做出改变，直到你把一份“坏工作”，熬成了“好工作”，你的火候也就到了。冯仑说，伟大是熬出来的，工作也一样！

第六章

慢慢来，一切都来得及

很多人心中都有一个幻想，那就是这辈子要风光一次，要绚烂至极，再归于平淡。要不然这一辈子就平平淡淡过去了，觉得很不甘心。这想法其实没有错，也值得鼓励，但问题就在于，很多人要么终生没有绚烂，要么绚烂之后，却无法归于平淡。

1. 坚持就一定能成功吗？放弃就一定会失败吗？

也许前文让你受了刺激，于是你决定要活得干脆点，打算放手一搏并且坚持到底。但是在这里，我要先给你泼一盆冷水了，坚持就是对的吗？坚持就一定能成功吗？不一定！

讲个故事，我在辽宁电视台《超级面试》担任职场顾问时，有个姑娘叫邹宽，人长得高高的，很漂亮，喜欢电影、演讲等文艺类的东西，奥运会的时候做过开幕式的舞蹈演员。就这样一个文艺范儿的姑娘，你怎么也无法将她和冷冰冰的数字联系起来吧！

但是她考研所选择的方向——中央财经大学的统计学，却和冷冰冰的数字有关。你可能会问她为什么会选择这个专业？答案也很简单，家里给选的。结果在3年中，两次都没有考过。问她第一次失败后，为什么要坚持，她的回答很真实——不甘心，自己已经准备了那么长时间，突然失败了心有不甘；问为什么第二次失败了，不再坚持？她说，她发现那不是她喜欢的方向，她选择了面对现实。最终，这个女孩子被沈阳新东方录取，成为该节目中新东方唯一招聘的教师。

想想看，如果这个女孩子一直在考研的方向上坚持下去会怎样？如果她够狠，死磕几年可能考上，可是考上之后又能怎样呢？有了一个统计学的硕士学历，就一定能找到一份统计方面的工作吗？找到之后愿意做吗？她能确认自己天生喜欢和数字打交道，愿意发现数字背后的故事吗？如果找不到统计方面的工作，那她读研这3年的时光有何意义呢？再去做个其他工作，那又何必浪费5年死磕、3年读研这宝贵的8年时光呢？

坚持不见得就是对的，它有时候可能让你走入一个误区，无法自拔！不信就再讲一个故事，很辛酸，但很真实……

朋友是个老师，家里有个读初中的孩子。因为是老师，所以很重视孩子的教育，家里决定让孩子到国外读高中。因为准备得早，觉得让孩子自学也没有问题，于是从初一就办理了休学，在家专门准备出国考试。

一转眼到了初三，可是连续考了几次都没有通过。孩子有点心灰意冷，国外的高中去不了，国内的中考又没有准备，这等于两边都没有着落了。家里经过商量之后，决定华山一条路，往上冲了，拼了命也要出国。于是让孩子再努力准备一年，可仍然失败了。这个时候，与他同龄的同学，已经上了高一，而他悬在家里，上下无门……

孩子的情绪越来越差，变得很少与人交流。2013 年春节过后，悲剧发生了，在一个阴冷的午后，孩子一跃从 7 楼坠下，永远地离开了这个世界，离开了那个让他痛苦的“坚持”……

这是一个悲剧，我们都不希望发生，但它真实地发生了。从小到大我们接受的教育都是一定要坚持，一定不能放弃。但是你有没有想过，你坚持的那个东西，是不是你真心想要的。你的那个所谓的“坚持”，是你自己坚定选择的，还是别人强加给你的？你设想过得到自己坚持的结果之后的状态吗？你确信你所坚持的东西，就是你内心深处的渴望吗？

如果上述答案都是否定的，那你的坚持一定是错的。在一条错误的道路上，你越坚持，就错得越远；越坚持，就越痛苦，最后你的坚持就成了自己的坟墓。

《士兵突击》热播的时候，那句“不抛弃，不放弃”确实让很多人热血沸腾。但冷静下来之后，你觉得人生就没有放弃吗？放弃就是错的、就是可耻的吗？放弃就一定意味着失败吗？其实不一定。

第二次世界大战中，英法联军在德军的围攻下，为了保存实力，避开德军精锐部队，从法国敦刻尔克港向英国本土实施了战略大撤退，这次撤退为后来对德军进行的反攻准备了有利条件，史称敦刻尔克大撤退。

青年导师李开复早年就读于法学院，后来他发现自己并不喜欢学法，转而学习从高中时就很喜欢的、基础不是很厚重的、前途看起来并不很明朗的计算机专业，最终在这个领域取得了很高的成就。

这样的故事不胜枚举。放弃并不一定意味着退缩，并不一定意味着失败。下面让我们一起看一个寓言故事，去感受那其中的奥妙……

玫瑰花枯萎了，蜜蜂仍拼命吮吸，因为它以前从这朵花上吮吸过甜蜜。但是现在蜜蜂吮吸的是毒汁。蜜蜂知道这一点，因为毒汁苦涩，与以前的味道有天壤之别。于是，蜜蜂愤愤不平，它吸一口就抬起头来向整个世界抱怨，为什么味道变了？

终于有一天，不知道是什么原因，蜜蜂振动翅膀，飞高了一点。这时它发现，枯萎的玫瑰花周围，处处是鲜花。

放弃一朵枯萎的花朵，却可以得到整座花丛；放弃一棵树木，却会得到整片森林。放弃并不可耻，人生最重要的是弄明白自己真正要什么，其余的东西都是多余的，都是负担，放弃多余的东西就意味着减负，就意味着解脱。人有时需要看开一点！

读到这里你可能会问——究竟应该在哪里坚持，又应该在哪里放弃呢？让我们来客观看待一下“坚持与放弃”这个话题吧，虽然我们接受的应试教育一直鼓励成功就在于“勇于坚持，绝不放弃”，是时候打破这些观念的紧箍咒了！

事实上，坚持与放弃本是共生的，没有坚持就没有放弃，没有放弃也就没有坚持。这就好比是一根橡皮筋，我一直拉紧了绷着，就叫坚持，我松开手就叫放弃；但如果不去拉它，让橡皮筋保持常态，那就无所谓坚持和放弃。

既然它们是共生的关系，那你有所坚持，必然有所放弃。事实上我们不怕“鱼与熊掌不可得兼”的选择，我们也知道拿起一个，必然要放弃另一个，这种放弃我们向来是接受的；最让我们纠结的是，自己已经在一条路上走得太远、投入得太多，突然发现路走错了，这个时候让你放弃，你会心有不甘……

还记得上文那个女孩邹宽吗？为什么会连续考研两次，就是因为不甘心。这个时候，坚持还是放弃，真是一件纠结的事情。不过，纵观古今，在这个关头，凡是遵从内心召唤的选择都是一个好的选择；而那些违背内心，为了坚持而坚持的人，都往往过得不怎么幸福……

“人生最大的遗憾就在于错误地坚持了不该坚持的，轻易地放弃了不该放弃的”，问题是你怎么知道哪里是该坚持的，哪里是该放弃的呢？你要如何才能不留下遗憾？最关键的就是听从内心的召唤，做你最想做的事，做你最喜欢做的事！

有个朋友自己创业，年营业额已经做到了2000万元，看起来不错了吧，但是，“家家有本难念的经”。他是做电机代理销售的，前几年市场好的时候赚了一些钱，但是经济危机来了之后，生意变得很不好做。

最让他伤心的是，一个700万元的单子，按照正常的毛利估计，本可以赚100万元，但是由于种种原因，他只赚了5万元。这件事给他很大的触动，让他对自己代理商的身份产生了质疑，甚至是抵触情绪，于是有一段时间，他每天都泡在麻将社消磨时间。

他觉得做代理的“两头不是人”，而且没有自己的核心竞争力，厂家一个政策自己就面临巨大的风险，而且其中的人情世故也让他非常厌倦。聊天中，他说自己正在调研新的业务，他觉得自己这次再创业，赚不赚钱不要紧，一定要做有意义的事情，这样他心里才觉得安稳。他本人对心理学很感兴趣，并且已经开始了市场调研，我相信凭借他敏锐的市场感觉，再加上他内心深处的热爱，这一次一定会做得更好。

不管你是初出茅庐的“菜鸟”、事业有成的职业经理人，还是自己创业的老板，我们都面临着选择，有选择就有放弃，有选择就有纠结。坚持什么，放弃什么，这是人类永恒的命题。答案也很简单，坚持你所爱的，否则人生还有什么意义？

2. 你能坚持多久？

谈到坚持，我们就要问一个问题，你能坚持多久？其实我不喜欢用“坚持”这个词，因为一提到“坚持”，仿佛我们都很不情愿。不知道你是否也有同感，感受一下……

> 小时候上体育课，男孩子都要做引体向上。当你做了几个之后，胳膊酸痛难忍，这时老师与同学在后面喊，再坚持一下，咬咬牙，再坚持一个就及格了！
>
> 运动会上3000米长跑，你已经腿肚子转筋、呼吸不畅。同学们在后面加油，坚持一下，还剩两圈啦，坚持就是胜利！为了班级的荣誉，冲啊！
>
> 高考末期，你辛苦地备考，已经深夜11点了，还有一大堆题没做完。这些题老师明天就要讲，你已经昏昏欲睡了，怎奈看着旁边打手电筒的同学，你还是对自己说，咬咬牙坚持一下，过了高考就可以轻松了！

想想看，多少个类似的画面啊，仿佛一提到坚持，我们就是那副咬牙切齿的德行，就是一副很苦的样子。其实这个很不人性，如果你做的事情是自己喜欢的，你会很享受乐在其中的状态，那种状态妙不可言；你在其中是如此沉迷，会觉得时间过得很快，当你走出那种状态的时候，真有恍如隔世的感觉。

心理学家米哈里齐克森·米哈里将心流（flow）定义为一种将个人精神力完全投注在某种活动上的感觉。心流产生的同时会有高度的兴奋及充实感。米哈里齐克森认为，使心流发生的活动有以下特征：1. 我们倾向于从事；2. 从事活动时我们会很专注；3. 有清晰的目标；4. 回馈较为迅速；5. 使人有主控感；6. 从事活动时忧虑感消失；7. 主观时间感会改变——例如可以从事很长的时间而感觉不到时间的流逝。

这是一种全心投入自己喜欢的事情时产生的巅峰体验，在这种状态之下，你根本不用考虑你是否在坚持，因为你已经完全投入其中，时间过得很快，你甚至意识不到时间的存在。想想看，如果你喜欢音乐，你在唱歌的时候是什么感受？如果你喜欢体育，你在运动的时候是什么感受？如果你在恋爱，你和恋人在一起的时候是什么感受？你会觉得时间很难熬吗？当然不会，你会觉得整个世界都是你的，那一刻你成了世界上最幸福的核心，根本意识不到时间的存在……

刚刚辞掉工作的一个月，我决定去锻炼身体，最开始想到的是跑步，但我发现这很枯燥，一圈圈地跑很没意思，也很难坚持下来。

后来我改变了策略，我不是很喜欢篮球吗，那我就去打球吧！就这样，十年之后我又捡起了篮球，而且一发不可收拾。从我再次站到篮球场上开始，除了出差与天气原因，我几乎没有停止过这项运动。甚至在冬天零下15摄氏度的寒风中，我自己还一个人在练习投篮。在这一年中，我打坏了两个篮球，但我丝毫不觉得苦、不觉得累。

为什么？因为我喜欢。在我带球过人、腾空上篮的那一刹那，我真的可以体会到飞翔的快感，感觉到自己是那么年轻，身体在空中滑翔出一道美丽的弧线，甚至可以体会到一点点时空停滞的感觉……那一刻真的太美了！

我想这也是一种心流的状态。如果你在工作中能找到自己的这种状态，我想你根本都不需要坚持，因为时间很快就过去了！

3. 快生活与慢生活

你觉得自己每天工作忙吗？大部分人可能都会说，我每天忙得要死！让我们来看一段场景吧，看看是否和你有些相似……

铃……闹表响了，你迷迷糊糊地抓过来，习惯性地按下去。因为你知道闹表闹一次自己根本起不来，所以准备了两个闹表，而每天第一个闹表响的时候，是你最幸福的时刻，因为那意味着你还可以再睡5分钟。

好了，第二个闹表也响了，你不情愿地揉揉眼睛，爬起来，开始了一天的战斗。你飞快地洗漱，然后出门。路边的小摊上随手买个豆浆、包子或者鸡蛋灌饼什么的，然后飞奔向地铁站。到了公司之后，各种邮件电话让你无片刻消停，下午又是各种会议与报告，眼看到了下班时间，你觉得可以轻松一下了，老板风风火火地跑过来："今晚加班！"

哦，天哪，多苦的一天啊！可怕的是明天还得继续啊！

不知道从什么时候开始，这个世界变得忙碌了。熙熙攘攘的人群在城市中穿梭，人们各有各的方向，各有各的目的，相同的是好像他们都很忙，仿佛一旦停下来这个世界就乱了，就不能运行了。不知道你有没有想过，自己的生活从什么时候开始，变得这么忙碌呢?

很怀念小时候，那是一个小村子，村子里的大人工作很有规律，日出而作，日落而息。每到傍晚，大家吃过晚饭之后，都会汇集到村中最核心的一条土路上。路旁有很多高大的杨树，人们在树下纳凉。

到了夏天，还会生起一团篝火，用来驱赶蚊虫。篝火中还可以烤些玉米或者土豆，烤熟之后都是黑黑的，吃得小孩子满嘴都是黑色，就像描上了一脸的胡须。孩子们在篝火边嬉戏打闹，男人们在谈论着国家大事，女人们在拉家常。有做饭晚的家庭，房子上还飘着袅袅炊烟，这炊烟混着泥土的气息，混着烤玉米的气息，让人觉得惬意极了……

这就是我对小时候的记忆，而这些记忆也给我带来了很大影响。乡村那种宁静、悠闲的生活，已经深深地融入了我的血液里，如今我走入了这喧嚣的都市，始终不愿随波逐流，不甘心让自己做个飞速旋转的陀螺，我希望可以在这喧嚣的都市中，依然能找到属于自己的宁静。

读到这里，你可以理解我为何不愿在互联网继续工作了吧。互联网媒体是一个分秒必争的地方，在那里我可以做一个很好的陀螺，但那不是我最终想要的。我想要能够自己把握工作节奏。当我想慢下来的时候，我可以很悠闲；当我觉得激情澎湃的时候，我可以很投入，甚至很疯狂！

你觉得这是在白日做梦吗？当然不是！我想这或许也是你的愿望，毕竟谁不想主宰自己的生活呢？谁愿意每天迫不得已地拼命呢？问题的关键是，我们如何才能做到这点呢？其实答案很简单，而且前文已经讲过了——做你喜欢的事，找到价值，把它做到极致！

举个例子给你听，也算是自曝一下。你了解培训师这个行业吗？想想看，你只要有一个特长，并且这个特长对你的客户有价值，你把它打磨成一门课程，你就完全可以依靠这门课程来养活自己，而且你还可以过得很好。你可能要拼死拼活一个月才月薪过万吧，那你知道培训师一天就可以赚这么多吗？而且这还不包括顶级培训师。

想想看，如果你有足够多的客户，每个月安排几次课程由你来定。你在不同的城市穿梭，享受着不同城市的风景。工作之余，你看看书，旅旅行，充充电，多么惬意啊！我们前文讲的那个夏威夷海滩的情景，对于一个培训师来说，根本不是奢望！

如果你能做到知名培训师，你就可以决定自己的生活节奏了。你可以让自己很忙，也可以选择很慢，但是你的生活质量绝对比那些每天很苦的白领强多了。关键是怎么做到慢下来呢？你要有很深厚的积淀，才能去讲课。那是时间的积累，还记得前文的公式吗？成功 = 聚焦 × 投入。培训师就是聚焦在一个很小的点上，不断地投入、不断地完善自己的课程，在自己的专业领域建立了足够的核心竞争力，这样才有资本闲下来。

如果你也想过这种有质量的慢生活，那么你必须思考一下，如何才能从纷繁的日常工作中解脱出来，找准定位，并且开始建立自己的价值金字塔。在你的金字塔没有建立好之前，你是没有资格闲下来的！

生活是公平的，你所要做的不过是把更多的时间投入到一件事上，而不是忙忙碌碌地投入到很多事情上。

4. 慢下来你会拥有更多

读到这里，你可能会觉得老可真是“站着说话不腰疼”。我就一个上班族，每天的节奏是我能控制的吗？我倒是想慢，我慢得下来吗？我慢下来你替我加班啊？我慢下来，你给我发工资啊？我慢下来，老板开除我，你养活我啊？

没错，这些都是现在职场人会有的顾虑。我们就好像冰上旋转的陀螺，如果停下来，我们就会倒下。生活的惯性推着我们往前走，身边人的节奏带着我们往前走，就算你暂时不想走了，后面的人还会推着你往前走，唉，怎一个“快”字了得啊！

其实忙是每个职场人必经的阶段，当你是初入职场的菜鸟，没什么经验的时候，你只能靠体力赚钱，这个阶段你必须勤快，只有这样，你才能学会更多的东西，才能增长更多的经验。但是你希望自己总这么忙下去吗？你希望自己总要这么辛苦才可以赚钱养家吗？没人愿意！不愿意你就停下来吧，干吗还高呼停不下来呀！真的是停不下来吗，还是你没有本事停下来？

我有两个同学，当年都在准备考GRE，一门心思要出国。可是两人都没考过，加之2003年“非典”来袭，就都开始找工作。其中一个去了电视台，当时非常让人羡慕。另一个没找到合适的单位，只去了一个补课班，教初中英语。

你可能觉得两人的命运从此出现分野，你看好哪一个呢？那个去了电视台的，每天制作新闻，非常忙碌。就这样一连忙了9年，今年得知消息，终于不忙了，不忙的原因不是自己不想忙，而是节目停播了，他没事可做了……

另外一个同学，在这所民营补课班中教英语，由于他很努力，讲的课程很受同学欢迎。于是开始在英语培训界小有名气，做了几年之后恰逢新东方进入沈阳市场，他被挖到新东方当老师，那段时间也是非常忙碌。

但是他做了两年之后，自己选择了停下来，去英国留学，学了个英语教育专业。回国后依然从事英语培训工作，只是他没加入任何公司，也没有成立公司，只用自己的名义招生，由于口碑很好，他的生源络绎不绝。他是我们同学中的第一个百万富翁，现在赚多少钱，我们已经不知道了，只知道他现在是既有钱，又有闲。

当年两人的英语水平相当，但如今命运迥异。一个人一直在像陀螺一样忙，但如今不是自己不想忙，而是别人不让你忙了；另外一个也忙过一段时间，但之后又能控制住节奏，闲了下来。两人之前都要出国，一个踏入职场就被捆住了手脚；一个忙里偷闲，完成了求学梦，游遍了欧洲，拿了牛津、剑桥两所学校的硕士学位……

看到了吧，你不能总让生活那么快，你需要慢下来，慢下来才能享受生活，才能拥有更多。马云在一次 IT 论坛上说，我们不是来工作的，我们是来生活的。这是他退任阿里巴巴 CEO 之后发表的对工作与生活的感悟。

但是你要明白，如果没有快过，你是没有资格慢下来的，也不甘心自己慢下来。但是你不能一味地快，快得连自己都控制不住速度。你必须在快速的阶段，学习经验，找准自己的定位，然后快速地积累能力与资本，直到你有资格慢下来……

想想看，那个教英语的同学，为什么可以慢下来？用我们之前的公式就可以解释，成功 = 聚焦 × 投入。他对英语已经整整投入了 10 年，拿了牛津、剑桥两所学校的硕士学位，其中一个还是英语教育的。如果你有孩子，要学英语，对这样的老师会不认可吗？他选择了一个聚焦点，然后持续地投入，建立起了自己的价值金字塔，他就有资格慢下来了。

而那个在电视台的同学呢，10 年下来积累了一盘盘录像带，每盘是 N 条新闻。除了这些素材，学到的只有电视编辑系统的使用。这些东西一个实习生半年就掌握了，那你在市场上还有什么竞争力吗?

联想一下你自己的工作，你知道如何让自己慢下来吗?

5. 慢下来你反而会更快

还记得前文所说的悖论吗？如果你按照正常的速度，从3000元/月的起薪做起，按照每年10%的工资增幅，20年后你们家庭的收入为412万元，距离500万元的生活成本还差88万元！不知道看过这个数字之后你做何感想，是感觉到绝望呢，还是告诉自己要开足马力、加快步伐、奋勇前进、加班加点，把那差的88万元赚回来呢？

如果你绝望了，咱们就不讨论了，你不在本书目标读者之列。如果你像后者那么想，我要告诉你，你跑得越快、死得越快！这话虽然难听，不过却是有根据的。比如“过劳死”的案例，我们听得还少吗？

> 2006年4月，华为公司25岁员工胡新宇因过度加班，心力衰竭而亡。30多天里，他只回家了4次。每天工作到凌晨3点，睡在实验室的床垫上，早上9点又开始工作。

2011年11月，刚入职5个月的百度员工林海韬休假期间猝死，只有23岁。许多围观的网友都认为林海韬是因为工作压力过大、长期通宵加班导致“过劳死”。依据就是死者在生前发布的微博中曾多次出现“通宵”、“累”、“困”等字眼。

看看上文这些触目惊心的案例，这都是活生生的生命啊，最年轻的才仅仅23岁，花一样的年纪，还没来得及体会生活的美好、事业的滋味，就被生生累死了，多么可悲！

你可能要问，我们拼了命才赚这么点钱，那不拼命还不喝西北风去吗？其实不见得，“快与慢”这个事情要辩证地看，有时候慢下来可以让你变得更快！说得直接一点吧，你觉得自己拼死拼活卖命赚钱，其实你不见得能赚几个钱；相反你慢下来，仔细想想自己能做什么，能做好什么，再去做之后，可能会赚更多的钱！这就是破解我们前文所说职场悖论的秘籍。

讲个典故，水浒一百单八将，宋江被招安之后，你知道谁生活得更好吗？是能拼能打的李逵吗？是玉麒麟卢俊义等原来的财主吗？完全不是！活得最舒服的是这些人：大夫——神医安道全，宋江征讨方腊时，皇帝招安道全进宫治病未能出征，后被封为太医；兽医——皇甫端，也未出征，留在京城给牲口治病；刻字匠——金大坚，征讨方腊时他被圣旨召回御前听用；会模仿任何人字体的圣手书生——萧让，也没有出征，留在了蔡京帐下；还有一个会唱歌的铁叫子——乐和，宋江出征方腊时，乐和被王都尉指名要走，留守京都。

这几个人为何最后都混得还不错，得了善终？一方面是因为他们在宋朝官吏眼中，被认为“罪恶不大”；更重要的是，他们都有一技之长，都是手艺人。谁把他们抢回去，谁就在某些方面占了便宜。比如那个安道全，直接给皇上看病去了，他从一介乡村医生，一步登天了；还有那个金大坚，直接御前听用，连皇上都抢这些人，因为他们有利用价值啊！

如果把水浒的故事搬到现实中来，你一定看出来这其中的关联了吧，那就是你一定要有一技之长，这是你安身立命之本！综合前文所述，如果你的一技之长，是围绕你的兴趣所建立的价值金字塔，并且你把它做到了极致，你就一定不愁在这个社会上没有饭吃，你就不愁无法打破那个职场的悖论。

这里我们要再谈谈“快与慢”的问题，很多人在职场上忙忙碌碌，但都是在做表面工作，看起来是很忙，但你问他忙什么呢？他一准回答：“瞎忙！”这有时是客套话，但有时也是无奈的回答。我们很多人每天忙忙碌碌，但真正给自己积累下来的东西不多，有的甚至今天忙这个，明天忙那个，年头忙到年尾，什么也没积累下。

做个简单的量化比喻，如图 6-1，横轴表示工作的年限，纵轴表示专业度。

如果说专业度积累到 8 你就可以赚取超过社会平均回报的价值的话，我们可以清楚地看到两种人。第一种人，工作年限很长，但是专业度始终不高，因为他每天都在忙“面”上的工作，没有选择一个点深入下去；而第二种人，用了 10 年左右就达到了很高的专业度，他就可以赚取高额的回报。

我们所说的“慢”，指的是第二种人。他们也很努力地工

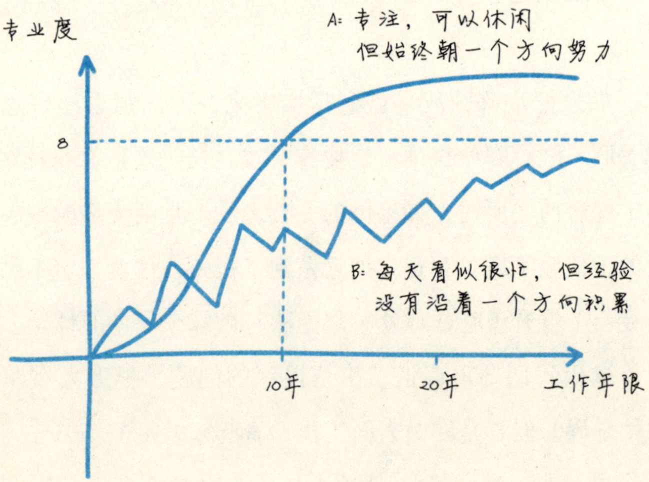

图 6–1　专业度与回报曲线

作，但不必像陀螺一样转个不停，他们有自己的假期，有合理的休闲，既做好自己的工作，又能享受生活。当然偶尔需要自己发狠的时候，他们也可以几天不睡，但前提是他们自愿的！

甚至，如果你觉得累了，索性休息一年不干了又何妨？如果你一直有个钻研的方向，停下来一年去旅旅游，开阔下思路，有何不可呢？说不定你回来之后会有更好的计划，会做出意想不到的作品。这就是我们所说的“产品化生存”的好处，你自己就是个产品，控制自己的周期与时间表。

聚焦，选择一个点持续投入，这样做的好处是你可以自己控制节奏。你不必每天拼死拼活地瞎忙，你可以走得很慢，但因为坚定，你会走得很远……

6. 你的人生什么最重要？

本书将近结尾，让我们做一些终极思考。请问，你的人生什么最重要？不同年龄、不同背景的人可能会给出不同的答案。

有一篇文章在Facebook、Twitter上频频被转，《一名护士告诉你：临终病人最后悔的5件事》，英文原文是一名叫邦妮·韦尔（Bronnie Ware）的护士写的。邦妮·韦尔专门照顾那些临终病人，所以有机会听到很多人临终前说出他们一生中最后悔的事。她做了一个概括，有5件事是大多数人最后悔的。

这5件事分别是：

1. 我希望当初我有勇气过自己真正想要的生活，而不是别人希望我过的生活。

2. 我希望当初我没有花这么多精力在工作上。

3. 我希望当初我能有勇气表达我的感受。

4. 我希望当初我能和朋友保持联系。

> 5. 我希望当初我能让自己活得开心点。
>
> 后来此文在微博与论坛中转载开来，你看到的汉语版，不知是哪位译者融合自己的感悟写进去的，我特意找来了原文附后，你可以原汁原味地感受一下。
>
> 邦妮在对第1条的解释中写道："这是所有后悔事件中最常见的一个。当人们意识到生命即将结束，清晰地回顾自己的一生时，很容易发现许多梦想还没有实现，许多人甚至都没有兑现他们一半的梦想就要死去，他们清醒地意识到这是因为他们做出或没有做出的选择。一路走来，至少尝试兑现一部分自己的梦想是非常重要的，从你失去健康的那一刻开始就太晚了，直到失去健康，很少有人意识到健康带来的是自由。"

前文用了那么多篇幅，鼓励你敢于追求自己的梦想，寻找工作中的"真爱"。如果你还是不敢，等到自己老的那一天，你一定会后悔的，那个时候你就是给这个榜单又添加了一个注解而已。所以，从现在开始，给自己列个梦想清单吧。然后用自己的一生去完成，当你年老的时候，你一定会骄傲地说，老子（娘）这辈子值了！

再来看第二条，为什么还有很多人后悔自己在工作中投入了太多的精力呢？其实这个很好理解，邦妮说她服务的每一位男士都对这一点感到后悔，他们都是忙于工作而错过了孩子的成长期，也错过了陪伴父母。想一想，你年轻的时候抛家舍业拼命赚钱，到了你有能力的时候，子欲养而亲不待，那是何等滋味?

读到这里你可能要问，你不是鼓励我们追求梦想吗? 你不是主张要把事情做到极致吗? 你不是说过要对自己狠一点吗? 难道这些与这一点不是矛盾的吗? 如果你读完本书只记住了这些，那当然是矛盾的；但是你有没有注意书中还写了“快生活与慢生活”、“慢下来才能拥有更多”、“慢下来才能更快”? 仔细阅读下这些章节，否则你可能误解了我的意思。

我们是要把事情做到极致，建立自己的核心竞争力。不过，我们可以合理地规划，在长期的投入之中完成核心竞争力的打造，这也是我们讲要聚焦、要投入的原因。只有你的聚焦点足够小，你才能在长期的投入中建立自己的竞争优势；而这恰恰是目前许多职场人忽视的一点，他们每天忙忙碌碌，但是精力过于分散，虽然忙得要死，但是一年到头也没有什么积累。其实，像这样的忙碌，比我们讲的“慢生活”、“产品化生存”要慢多了。

后面3点，其实讲的都是幸福感的问题。尤其是最后一条，希望自己活得开心点。邦妮说：“也许有点出乎意料，但这一条也在前5之中。很多人直到生命的最后才发现——快乐是种选择。”这话掷地有声，“快乐是种选择”，正像前文所说的“求不得”是个事实，但你未必痛苦。快乐是种心态，是种感觉，和任何外界都无关，只与你的内心相关。觉得不快乐，不是你的境遇不够好，而是你的修为还不够。

> 如果一个孩子生下来就没有胳膊，也没有腿，只有一点点很畸形的脚。你说他会是什么心情，没错，他肯定会问：老天啊，为什么这么不公平？为什么别人都有手有脚，唯独我没有？我这个样子活着还有什么意思啊！
>
> 确实，10岁之前他曾3次想自杀。可是后来他挺过来了，而且还过得非常好，中学时当了学生会副主席，本科获得了两个学位，游泳冲浪踢足球十项全能，走过34个国家，演讲1500余场，给人信心、希望、爱与勇气。他就是力克·胡哲，1982年生于澳大利亚墨尔本。他现在是名残疾人励志演讲家、畅销书作家，他不但结婚了，迎娶了漂亮的新娘，就在2013年的情人节，他的儿子出生了，而且是个四肢健全的孩子！

胡哲的故事你可能听过，你觉得自己的境遇还能比他更惨吗？人家都可以活得那么精彩，你为什么不能呢？人家都可以身残志坚，快乐无极限，你为什么不能呢？再说一次，快乐是种选择，跟境遇无关！胡哲在一次演讲中说：“就算环境不能改变，你却可以改变自己的心，改变自己看待人生的眼光。”这就是前文所讲的情绪ABC理论中的B（Belief），你可以通过改变自己的信念、认知，来调节自己的情绪，让自己开心起来。

看完这5点，你觉得自己的人生什么最重要呢？如果我们能倒过来再活一次，我相信大部分人都会说——幸福感。幸福真的很简单，做自己喜欢的事情，勇敢地追求梦想，陪伴家人，享受生活。说到底，每个人的诉求都很简单，只是我们活得太复杂了。

你可能会问，如果人生这么简单，那我从现在开始不用那么拼了，简简单单享受生活得了！即便做个乞丐，每天快快乐乐的不也很好吗？如果你真觉得好，那也未尝不可。让人纠结的地方就在这里——很多人心中都有一个幻想，那就是这辈子要风光一次，要绚烂至极，再归于平淡。要不然这一辈子就平平淡淡过去了，觉得很不甘心。这想法其实没有错，也值得鼓励，但问题就在于，很多人要么终生没有绚烂，要么绚烂之后，却无法归于平淡。

见过财迷吧，越有钱越想多赚钱，结果这辈子成了金钱的奴隶；见过官迷吧，越有权越想往上爬，结果这辈子成了权力的奴隶。这样的人生很可悲，难道你一辈子就为了钱活着吗？就为了权活着吗？

大部分职场人士都抱着“绚烂至极”的梦想，有很多却是一直在努力通往“绚烂”的路上，奈何觉得自己的状态距离心中的想法太远，总是不满足，于是愈加拼命，这一路过得很辛苦，看起来好似一个苦行僧。其实这就大可不必了，有梦想很好，但是追梦的过程也要快乐，否则你走得再远又有什么意义呢？

7. 长路漫漫，且行且珍惜

2007 年一个寒冷的上午，在美国华盛顿特区的一个地铁站里，一位男子用一把小提琴在演奏。他前面的地上，放着一顶口朝上的帽子，看样子这是一位街头卖艺人。

在他演奏的 45 分钟里，大约有 2000 人从这个地铁站经过。开始大约 3 分钟之后，一位显然有音乐修养的中年男子，他大概知道演奏者是一位音乐家，放慢了脚步，甚至停了几秒钟听了一下，然后急匆匆地继续赶路了。大约 4 分钟之后，演奏者收到了他的第一块美元。一位女士把这枚硬币丢到帽子里，她没有停留，继续往前走。6 分钟时，一位小伙子倚靠在墙上倾听他演奏，然后看看手表，就又开始往前走。10 分钟时，一位 3 岁的小男孩儿停了下来，但他妈妈使劲拉扯着他匆匆忙忙地离去。小男孩儿停下来又看了一眼小提琴手，但他妈妈使劲地推他，小男孩儿只好继续往前走，但不停地回头看。其他几个小孩子也是这样，但他们的父母全都硬拉着自己的孩子快速离开。

到了45分钟时，只有6个人停下来听了一会儿。大约有20人给了钱就继续以平常的步伐离开。演奏者总共收到了32美元。

其实，这是《华盛顿邮报》主办的关于“感知、品味和人的优先选择”的社会实验的一部分。这位在地铁里卖艺的小提琴手，是约夏·贝尔，世界上最伟大的音乐家之一。他演奏的是一首世上最复杂的作品，用的是一把价值350万美元的小提琴。要知道，两天前，约夏·贝尔在波士顿一家剧院演出，所有门票售罄，而要坐在剧院里聆听他演奏同样的乐曲，平均得花200美元。

最后，实验者得出的结论是：当世界上最好的音乐家，用世界上最美的乐器来演奏世界上最优秀的音乐时，如果我们连停留一会儿倾听都做不到的话，那么，在匆匆而过的人生中，我们又错过了多少其他东西呢？

我们总是在不断赶路、不断前行，以至于我们没有留意沿途美丽的风景，甚至忘记了当初我们为何要出发。我们像陀螺一样旋转，是否得到了自己想要的东西？或者这样的生活是否是我们想要的吗？

是时候停下来想一想了，是时候思考一下自己接下来的人生该如何度过了。如果你的生活一直很忙，你要明白这并不能证明你的成功，相反说明你是一个迫不得已的人，你是一个被别人裹挟着向前走的人，说明你没有能力控制自己的生活节奏，没有能力过自己想要的生活。真正牛的人，是可以随心所欲支配自己生活的人。

你可能会问，我这么忙才勉强能养家糊口，你要我停下来，要我悠闲一些，难道要我喝西北风吗？你又急了不是，这个问题我们前面说过，本书临近尾声，我再强调一次，只有慢下来你才能得到更多，只有慢下来你才能更快地实现财务自由。而至于怎么做，前文已经讲明了方法，你可以结合自己的特点，塑造你自己的价值金字塔。

不论你这辈子成就如何，归根结底都是在追求幸福，而幸福有个小秘密，他的脾气很怪，你要琢磨透了才行！

有一只小狗问它的妈妈："妈妈，幸福在哪里啊？"狗妈妈告诉它："幸福就在你的尾巴上。"于是，小狗就不停地追啊追，它要追到自己的尾巴，看看幸福到底是什么样子。可是最后，它发现自己怎么也追不到尾巴上的幸福。于是它便把自己的苦恼告诉了妈妈。狗妈妈笑着说："孩子，不要刻意地去追，只要你一直往前走，幸福就会永远跟在你的身后。"

简而言之，这辈子我们无论做什么，幸福最重要，快乐最重要。但是很多人往往忘记了这个根本，迷失在追逐的过程中，他们遇到一点波折就可能不开心，遇到久攻不下的难题更可能陷入郁闷，其实这些都大可不必。要知道人生是一个过程，无论我们做什么，我们都要开开心心、快快乐乐，既心怀向往，又能欣赏沿途的美景，岂不是一大幸事？

长路漫漫，让我们且行且珍惜……

测一测

毅力测试题

毅力也叫意志力，是人们为达到预定目标而自觉克服困难、努力实现的一种意志品质。毅力是人的一种“心理忍耐力”，是一个人完成学习、工作、事业的“持久力”。当它与人的期望、目标结合起来以后，便会发挥巨大的作用。毅力是一个人敢不敢自信、会不会专注、是不是果断、能不能自制和能不能忍受挫折的结晶。

来完成这个测试吧，看看您的毅力有多强。

问题	从不	偶尔	有时	经常	总是
1. 当你看到失败的迹象时，就想要放弃，有时候还急于放弃。	1	2	3	4	5
2. 当你知道自己的观点与上级或别人的观点截然相反，你还能直抒己见。	5	4	3	2	1
3. 做事前，我首先想它是否重要，其次才想它是否有趣。	5	4	3	2	1
4. 你是否感到你所付出的努力没有得到赏识?	1	2	3	4	5
5. 你给自己定的计划无法按时完成。	1	2	3	4	5
6. 为实现某个目标，你能不怕吃苦、以苦为乐。	5	4	3	2	1
7. 当灵感或机会自行出现时，你能好好把握。	5	4	3	2	1

8. 你常因读一本引人入胜的小说或者看电视剧而不能按时睡眠吗？	1	2	3	4	5
9. 你有没有这种情况，下决心要干一件重要的事情，可没几天劲头就消失了。	1	2	3	4	5
10. 你会在一位有影响力的人物的劝阻下改变自己的决定。	1	2	3	4	5

测试结果：

10~20 分：毅力较强。在大多数情况下，你都能按照计划和目标，有效地完成任务。这是通向成功的保障，你有成事的决心与毅力，需要历练的是自己做事情的方法与受到挫折之后的应对策略，只要你锁定目标，坚持到底，不断优化方法，你一定可以成功。

21~40 分：毅力一般。你总是处于犹豫与坚决之间，可以坚持一段时间，但如果坚持一段时间之后没有结果，你往往容易灰心丧气，容易放弃。你需要加强的是让自己再多坚持一秒的毅力，这其实并不很困难，只要你决心改变，你一定可以做到。

41~50 分：毅力非常差。你经常改变主意，放弃已经做好的决定。这种毛病非常要命，古人云："有志者，立长志；无志者，常立志。"说的就是你这种情况，如果不改变这种状态，那只能庸庸碌碌地度过一生了。

附文

Nurse reveals the top 5 regrets people make on their deathbed

By Bronnie Ware

1. I wish I'd had the courage to live a life true to myself, not the life others expected of me.

This was the most common regret of all. When people realise that their life is almost over and look back clearly on it, it is easy to see how many dreams have gone unfulfilled. Most people have had not honoured even a half of their dreams and had to die knowing that it was due to choices they had made, or not made.

It is very important to try and honour at least some of your dreams along the way. From the moment that you lose your health, it is too late. Health brings a freedom very few realise, until they no longer have it.

2. I wish I didn't work so hard.

This came from every male patient that I nursed. They missed their children's youth and their partner's companionship.

Women also spoke of this regret. But as most were from an older generation, many of the female patients had not been breadwinners. All of the men I nursed deeply regretted spending so much of their lives on the treadmill of a work existence.

By simplifying your lifestyle and making conscious choices along the way, it is possible to not need the income that you think you do. And by creating more space in your life, you become happier and more open to new opportunities, ones more suited to your new lifestyle.

3. I wish I'd had the courage to express my feelings.

Many people suppressed their feelings in order to keep peace with others. As a result, they settled for a mediocre existence and never became who they were truly capable of becoming. Many developed illnesses relating to the bitterness and resentment they carried as a result.

We cannot control the reactions of others. However, although people may initially react when you change the way you are by speaking honestly, in the end it raises the relationship to a whole new and healthier level. Either that or it releases the unhealthy relationship from your life. Either way, you win.

4. I wish I had stayed in touch with my friends.

Often they would not truly realise the full benefits of old friends until their dying weeks and it was not always possible to track them down. Many had become so caught up in their own lives that they had let golden friendships slip by over the years. There were many deep regrets about not giving friendships the time and effort that they deserved. Everyone misses their friends when they are dying.

It is common for anyone in a busy lifestyle to let friendships slip. But when you are faced with your approaching death, the physical details of life fall away. People do want to get their financial affairs in order if possible. But it is not money or status that holds the true importance for them. They want to get things in order more for the benefit of those they love. Usually though, they are too ill and weary to ever manage this task. It is all comes down to love and relationships in the end. That is all that remains in the final weeks, love and relationships.

5. I wish that I had let myself be happier.

This is a surprisingly common one. Many did not realise until the end that happiness is a choice. They had stayed stuck in old patterns and habits. The so-called 'comfort' of familiarity overflowed into their emotions, as well as their physical lives. Fear of change had them pretending to others, and to theirselves, that they were content. When deep within, they longed to laugh properly and have silliness in their life again.

When you are on your deathbed, what others think of you is a long way from your mind. How wonderful to be able to let go and smile again, long before you are dying.

译文

一名护士告诉你：临终病人最后悔的 5 件事

邦妮·韦尔

1. 我希望当初我有勇气过自己真正想要的生活，而不是别人希望我过的生活。

这是所有后悔事件中最常见的一个。当人们意识到生命即将结束，清晰地回顾自己的一生时，很容易发现许多梦想还没有实现，许多人甚至都没有兑现他们一半的梦想就要死去，他们清醒地意识到这是因为他们做出或没有做出的选择。一路走来，至少尝试兑现一部分自己的梦想是非常重要的，从你失去健康的那一刻开始就太晚了，直到失去健康，很少有人意识到健康带来的是自由。

2. 我希望当初我没有花这么多精力在工作上。

我照顾过的每一个男病人都会这样说。他们怀念孩子的童年、朋友的友谊。女人也有这样的遗憾，但是大都出自更老的一代人，大多数妇女并不是养家糊口的主要人员。我所照顾的所有男病人都为自己在单调的工作上花费大量精力而深感后悔。

通过简化生活方式、明智的选择，你并不需要你原以为的收入。创造生命更广阔的空间，你会变得更加幸福，更易于接受新机会，更适应新的生活。

3. 我希望当初我能有勇气表达我的感受。

太多的人压抑自己的感受，只是为了不与别人产生矛盾。渐渐地他们就成了中庸之辈，无法成为他们可以成为的自己。有很多疾病与长期压抑愤怒和消极情绪有关。

我们不能控制别人的反应。然而如果你直言不讳，即便别人在开始时会有所反应，最终你们的关系会变成更健康的全新关系，又或者翻脸，正好让你摆脱这种需要你压抑自己的感受才能维持的累人关系。不管哪一种结果，你都是赢家。

4. 我希望当初我能和朋友保持联系。

不到临死关头，我们很难意识到老朋友的好，那时候他们也可能踪迹难寻。多少人因为自己忙碌的生活而忽略了朋友，忽略了曾经的金色友情。很多人对没能给予朋友他们应得的时间与努力而深感遗憾，每个人将死的时候都怀念他们的朋友。

忙的时候忘记朋友是很正常的，但当你面对死亡的来临，很多人临终前终于放下钱、放下权，却放不下心中的情感与牵挂。朋友也好，爱人也罢，其实在生命最后的日子里，他们才是我们最深的惦念。

5. 我希望当初我能让自己活得开心点。

也许有点出乎意料，但这一条也在前5之中。很多人直到生命的最后才发现——快乐是种选择。他们固守旧有的模式和习惯，所谓的熟悉的“舒适感”泛滥于他们的情感以及他们的物质生活。对变化的恐惧让他们在别人与自己面前假装满意。但在内心深处，他们渴望可以再次适时大笑，或时而愚钝。

当你在临终之时，别人对你的看法早已被抛在九霄云外，在死之前，能坦然放手，并且再次微笑是多么美妙。

后　记
不拼现在，不足以比将来！

行文至此，本书将要终篇，洋洋洒洒写了很多，但其实可以用一句话概括——选择你喜欢的事，聚焦当下，全力投入，做到极致，你迟早都会成功。

虽然我们对成功的定义不一样，但每个人心中都有一个梦，我们都有追梦的愿望，只是有些时候，现实束缚了我们的手脚，禁锢了我们的自由，让我们畏首畏尾，不敢前行。

希望本书能给你带来一点鼓励，趁年轻，为梦想拼一把没什么，大不了失败了重头再来！即便失败了也没什么可惜的，也没什么可懊丧的，不要等到年老的时候抱憾终生。

当我考虑裸辞创业的时候，我的心中忐忑不安，前途一片渺茫，我就像在黑洞中摸索的探路者，看到远处的光亮，却不敢迈步朝它走去。我既担心脚下的万丈深渊，也不晓得洞外是否有豺狼虎豹。我一度变得非常压抑，生活没有半点味道，不愿说笑，不愿聚会，不愿旅行。我就像一只蜗牛，蜷缩在自己的壳里，反反复复琢磨着我的未来……

直到有一天，真的走出来了，你才发现其实也没什么大不了的。生活要继续，而且每一天都是新的，你总会有事情做，总会想办法养活自己，而且生活还会给你意想不到的惊喜。当我还在公司里纠结要不要离职的时候，我会想到自己可以创办优可为公司吗？我会想到自己居然创建了中国第一个求职服务的电商平台简历邦吗？而且谁知道明天会怎样呢？

走出来，是另外一片天地；留下来，也会有同样的精彩。记得我最早加入互联网公司的时候，每天早晨 5:30 就要上起床上班，晚上 8 点多才可以下班，如果赶上加班那就可能到下半夜了。白天忙得连上厕所都要计算时间。我是没有坚持下来退缩了，现在回头再看那些留下来的老人，都已经成了总监或者副总裁，都已经在职场站住了脚。当你最苦的时候，咬咬牙，过去了就是春天。

无论如何选择，只要做了决定，你就要全力投入。选你所爱的，坚持下去，生活总会给你回报。即便偶有挫折，也是生命的情趣，无须烦恼，人生总该有一抹亮色。

不拼现在，不足以比将来。追随内心，无所畏！

鸣　谢

感谢生命中有你

书是人生一段经历的总结，感谢生命中有你，给我这些感悟，让我可以分享给大家！

首先感谢读者朋友们，如果没有你们的支持，我不会走上写作这条路。你们的回复、转发与赞许都是我的动力。大家可以关注新浪微博 @ 老可，腾讯微信公共账号老可，与我继续交流。

其次感谢我的老领导、凤凰新媒体副总裁兼总编辑刘书女士，她的信任与谆谆教导给了我很大帮助，书中很多职场观念亦是受到她的启发。

特别感谢微软公司全球资深副总裁张亚勤先生，这是亚勤老师第二次推荐我的书，内心非常激动亦非常惶恐，只有继续努力做得更好，才能不负前辈的厚爱。还要感谢《创业家》杂志社社长牛文文老师与《中国企业家》杂志社社长何振红老师的推荐，两位顶级商界媒体前辈的肯定是对职场书作者最大的鼓励。

此外还要感谢给本书撰写推荐语的各位 HR 朋友，请抱歉我在此不一一具名了，你们是职场书最专业的读者，能够获得您们的垂青是我的荣幸，感谢各位的时间与支持；还要隆重感谢辽视《超级面试》的制片人王丽姝与各位金牌 Boss 团成员的鼎力推荐，我很荣幸成为你们的一员，希望我们可以做出更好的节目，为求职者服务。

还要感谢很多同事与朋友：凤凰网财经总监杨彬彬、娱乐总监覃艳、人力资源总监李琳与我团队所有的同事们；微软 MSN Portal 的执行出版人 Dennis，HR 总监 Doris 与全体同人；和讯网总编辑王炜；新浪网副总编辑邓庆旭与全体同人；奥美整合行销传播集团的人才资源咨询总监孙燕；人民网 HR 总监朱小奕，HR 张辉；渠道网 COO 樊震；原北京中外企业人力资源协会秘书长滕霄；戈壁资本投资经理梁宇；新精英创始人古典；大醍醐网创始人田晓鹏……所要感激的人太多，在此不一一列举。

本书的出版自然离不开编辑的辛苦工作，感谢本书策划编辑张奇、磨铁的产品经理罗栋青与黑天鹅图书品牌总经理魏玲，与你们一同工作是种愉快的经历！

最后要感谢我的家人，感谢父母让我的血液中流淌着向上的力量与执着的精神，特别感谢我的妻子，感谢她的信任与支持，可以让我任性地“胡作非为”，谨以此书作为我创业之后的礼物，送给她与我们即将出世的孩子！

老 可

2013/10/10 于北京

名家推荐

“聚焦”和“投入”比什么都重要。据统计，2014 年的大学毕业生总数将突破 700 万。我向职场新人推荐老可的新书。他融会贯通地表述，结合了前人经典和自身的实践，为职场新人提供了实用的工具和行动指导。

——微软公司全球资深副总裁、微软亚太研发集团主席

张亚勤

本书的职场逻辑，在我看来就是创业家的逻辑，以创业家的心态去工作，你一定会赢得属于自己的未来。从现在做起，拼的是现在，比的是将来！

——《创业家》杂志社社长　牛文文

这不是一本普通的职场书，在书中你可以看到企业家精神，只要有这种精神，年轻人无论起点如何，抓住现在全力投入，把自己做成“王牌”，都会有属于自己的成功。

——《中国企业家》杂志社社长　何振红

我们日复一日的所作所为，会毫不留情地决定着我们的未来，这就是职场的最高逻辑。拼的是现在，比的是将来！

——凤凰新媒体总编辑　刘　书

这是一本值得一读并且能在职场受用的书。行走当下，你会迷茫、无助，也会呈45度角仰望星空。但，以怎样的姿态行走不重要，重要的是，你将走向何方？本书没有给你万能钥匙，只是给了些方向和建议。这些建议实实在在，不妨听听看看，有用，就收下吧！

——新浪网副总编辑　邓庆旭

老可和我是同龄人，我们都喜欢观察身边的人和事，写总结，希望分享可以帮助更多的人。我很赞赏老可把职场里的管理模型用于自己的人生规划的做法，方法是相通的，学会思考的方式会受用一辈子。

——《不要等到毕业以后》《和秋叶一起学PPT》作者

秋　叶

明天的你一定会感谢今天你的努力，你今天的付出也一定会让明天的你受益匪浅。职场路上，只有奋斗才能给你温暖的安全感。加油，未来就会为你而来。

——知名媒体评论人、新浪微博人力资源总监　申　晨

知名 HR 联袂推荐

老可从一个互联网人的全新视角谈论职场之路，是励志从书中不可错过的内参。愿这本书能够帮助困惑在职场的朋友少走弯路，得到更多的正能量。 抓住现在，坚定理想，你一定可以成功。

—— 微软 MSN 中国人力资源总监 王 硕

用感性的方式传达理性的观念，用平实的叙述带出深刻的感悟。老可的这本新书，是带给每一位怀揣梦想、不向现实妥协的小伙伴最诚挚和实用的礼物。机会总是留给有准备的人。你准备好了吗？读完这本书再回答 ~ :)

——奥美整合行销传播集团人才资源咨询总监 孙 燕

老可在书中分享了自己从裸辞到创业成功的亲身经历和心路历程，重新引发了我们对缓急的认识以及对梦想追求的思索。走得快，不一定走得远。慢下来，也许能收获更多。

——凤凰新媒体人力资源总监 李 琳

在我们漫长的一生中，工作占据着相当长的一段时光。想要获得人生的幸福，就无法忽视工作带来的影响。做好职业规划，正确处理职业生涯中遇到的各种问题，是一个人生存必备的能力。希望看过此书的新老职场人，都能够通过阅读获得收益，收获自己的幸福人生。

——人民网人力资源部总监 朱小奕

无论你是刚入职场的新人，还是经历丰富的职场达人，《拼的是现在，比的是将来》都会给你带来新的感悟。我个人最喜欢的书中的一句话是："慢慢来，一切都来得及。"让自己安静下来，跟随老可的思路为自己做一下梳理，我相信你会找到自己人生中最重要的东西。

——亚马逊中国 HR 杨立梅

这是一本催人奋进的书，同时又给出了切实可行的方法。书中提出的"把自己做成顶尖产品"的概念，很有启发意义。任何公司都需要这样的员工，而同时你也将获得更快的成长！

——百度人力资源经理 田雅琳

在"职业"的范畴里，只有清楚自己想做的、能做的、需要做的，并且保证它们之间的平衡不被破坏，才能在一条正确的道路上顺利前行，本书正是从职场人内部自身、外部环境两方面进行细致剖析，教会大家如何面对当下，计划未来。

——乐视影业招聘培训经理 高 岩

人生不如意事常八九，可与人言无二三。抛弃这喧嚣的都市，安静下来，在此书中你会寻找到心灵深处的那个完善自我、追求幸福的 soulmate，使你充满力量，奋勇前行。

——网易人力资源经理 罗 斌

辽视《超级面试》金牌 Boss 团鼎力推荐

老可新作《拼的是现在，比的是未来》付梓，收到书稿彻夜拜读，深为老可对职场、对人生特有的理性思辨精神所折服。这本书从文字看是在写职场，实际上是在写人生。讲的是现实，折射的却是理想。微言大义，于朴素中见华彩，是不可多得的佳作。

——辽宁广播电视台《超级面试》《领袖峰会》

栏目制片人　王丽姝

我们凭什么在这个社会立足？这是任何人都必须思考的问题，本书提出的“产品化生存”的概念很有启发性，值得一读。不论你的起点如何，拼的是现在，比的是将来！

——冰英教育董事长　仇炼英

生活中的老可走在人堆儿里，你都很难发现他的存在。然而，在《超级面试》的舞台上，他思想的高度、内心的热爱，一开口就会被发现！书中展示了大量的职业规划路径和职场可操作技术工具，会让你相信——精彩的人生可以被复制！

——被发现网总裁　夏　青

在这个泛滥着成功励志的今天，老可新书《拼的是现在，比的是未来》就像一阵暖风，不浮躁、不激进、不刻薄、不悲壮，但陪伴你稳步坚定地走向理想。

——盈朗文化 ONELAUNCH 董事长　赵小叶

当你还是一颗精子时，能脱颖而出，拼的是基因；

当你是一个职场人时，能脱颖而出，拼的是阅历；

不拼现在，不能比将来，我在翻这本书，你呢？

——乐途旅游网副总裁　晁　夕

郑重推荐：这是一本对大学生和初入职场的“菜鸟”的职业发展具有重大意义的书。内容非常实用，指导性和可操作性非常强，建议大学生和初入职场的朋友一定要仔细研读，找到其中的自己，做好现在的自己，拼出未来的自己。

——优胜教育集团执行总裁　刘欣伟

职场新人百战多，各行各业多坎坷；若要成长唱凯歌，推荐此书看老可！

——神州投资联合创始人　杜　江

激情创造卓越，行动成就梦想。将来的你，一定会感谢现在拼命的自己！

——闯行天下总经理 刘广大

每一位职场人是否都徘徊过？徘徊在自己究竟适合做什么工作，徘徊在自己的职场核心竞争力如何塑造，徘徊在如何给自己“卖”个好价钱，徘徊在顺境或是逆境中是坚持还是放弃？《拼的是现在，比的是将来》应运而生，读过之后自然会找到答案，希望此书对大家如何成为职场达人有所帮助。

——沈阳爱尔眼科人力资源总监 黄芳芳

这是一本激发读者心灵能量的书籍。无论你是安于现状，还是正在拼博奋斗，这本书都非常值得阅读，给自己正确的定位，做该做的事情。拼的是现在，比的是将来！

——北大青鸟国际教育沈阳区域负责人 张 会